Walter Müller

Ingenieur sucht Gott
Gedanken eines Einzelgängers

Inhalt

Die Fragen nach dem Sinn des Lebens und der Existenz einer höheren Macht, verbunden mit der Suche nach einem angemessenen Verhalten, bewegen uns Menschen seit es die Menschheit gibt.
Es ist die Suche nach derjenigen Ethik, die unser Dasein in allen Zusammenhängen optimiert und uns nachhaltig und belastbar einbindet in ein weit überlegenes und erhabenes Gesamtsystem.

Die Vorstellungen von Gott haben sich in Jahrtausenden stark verändert. Naturvölker haben sich an dem orientiert, was sie mit ihren Sinnen erfassen, aber nicht verstehen konnten (Sonne, Mond, Sterne, Feuer, Blitz, Donner).

In der Antike hat man mehr oder minder seine Wünsche, Absichten und Hoffnungen mit einem Gott verbunden (Krieg, Jagd, Fruchtbarkeit, Liebe, Ernte).

In der heutigen Zeit sind Religionen geprägt durch Überlieferungen und deren Interpretation.
Leider liefern unterschiedliche Auslegungen Gründe für Streit, Feindschaften und Kriege.

In diesem Buch wird der Versuch unternommen, Gott aus einer Bestandsaufnahme von Gegebenheiten heraus zu erkennen.

Die Natur wird gesehen als Teil des Universums, der Mensch als Teil der Natur - eingebettet und mit besonderer Verantwortung.
Gerechtigkeit, Seele, Tod und Wiedergeburt werden aus einem sachlichen und technischen Blickwinkel beleuchtet.

Walter Müller

Ingenieur sucht Gott
Gedanken eines Einzelgängers

Ergebnisse eines Ausfluges in eine spirituelle Thematik

Bibliografische Information der Deutschen Nationalbibliothek:
Die Deutsche Nationalbibliothek verzeichnet diese Publikation in
der Deutschen Nationalbibliografie - detaillierte bibliografische
Daten sind im Internet über http://dnb.dnb.de abrufbar.

© 2016 Walter Müller
Alle Rechte vorbehalten
Herstellung und Verlag
BoD – Books on Demand, Norderstedt

ISBN: 978-3-7392-3363-5

Widmung

Dieses Buch widme ich meiner Schwester Birgit Schuster. Birgit wurde 1955 in Rosenheim geboren und besuchte dort die Volksschule für Mädchen und das Ignaz-Günther-Gymnasium.
Sie war das jüngste Mitglied in unserer Familie und wuchs zusammen mit Eltern, Schwester und Bruder in einem einmalig schönen Umfeld in der Stadtmitte von Rosenheim auf.
Nach dem Abitur studierte sie Latein und Französisch für das Lehrfach in Regensburg. Im Jahr 1988 heiratete sie einen Berufskollegen und gründete mit ihm in Heppenheim ihren Wohn- und Familiensitz.
Zusammen mit Tochter und Sohn folgten sehr schöne Jahre, geprägt durch ein inniges, intensives und phantasievolles Familienleben.
Plötzlich zeigten sich unerwartet dunkle Wolken im Leben meiner Schwester. Gesundheitliche Beschwerden wurden zunächst nicht allzu ernst gesehen. Sie waren jedoch hartnäckig und erwiesen sich im Laufe der folgenden Monate als unheilbarer Krebs. Im Dezember 2014 ist Birgit in einem Hospiz in Bensheim gestorben.

Gerne hätte ich mit ihr die Inhalte dieses Buches diskutiert. Leider kam es nicht mehr dazu.
Viel würde ich darum geben, ihr bayerisches „sei ma ned bäs" nochmal zu hören um einen Zweifel ihrerseits zur Kenntnis nehmen zu müssen. Dennoch - ihr Wesen, ihre Werte, ihre Meinungen und Reaktionen, ihre Persönlichkeit als Ganzes ist und bleibt mir erhalten.

Birgit wurde in ihren letzten Tagen von ihrer Familie, ihren Freunden und Pflegekräften liebevoll begleitet.
Herzlichen Dank an alle.

Ingenieur sucht Gott
Gedanken eines Einzelgängers

Motivation	07
Das Ganze	13
Ein Teil des Ganzen	15
Mensch und Natur	18
Erbsünde – Deutungsversuch	28
Analogien zur Informatik	34
Information - was ist das?	40
Seele - was könnte das sein?	44
Ich-Bewusstsein - was könnte das sein?	48
Das Ganze - Schöpfung, Unendlichkeit	51
Das Ganze – Gerechtigkeit	55
Das Ganze - Allmacht, Heiligkeit	61
Schlussgedanken	64
Gebet	68
Verfasser	69

Motivation

Was bringt einen Techniker dazu ein solches Buch zu schreiben?
Es hat sich so ergeben.
Mit gesundheitlichem Hintergrund war ich plötzlich von meinen bisherigen Wichtigkeiten abgeklemmt und hatte auf einmal viel Zeit.

Im Rahmen eines Aufenthaltes in einer Klinik habe ich das dortige Angebot an Kontakten und Kommunikation bewusst und neugierig angenommen.
Kurse mit Malen, Tanzen, Musizieren, Entspannen, Philosophieren und Spiritualität allgemein waren für mich bis dahin unbekannte Welten. Es bot sich die Chance, sich selbst auf völlig neuem Terrain zu beobachten und wahrzunehmen.
Auch in Gesprächen mit meiner Frau, mit Freunden und Bekannten gab es nun neue Themen: meine Eindrücke, Erlebnisse und Bewertungen aus den Kursen mit Rückschlüssen auf „Gott und die Welt".
Unterhaltungen gingen nicht mehr nur um Geschäftliches, Fachliches, Politisches oder um Bundesliga-Ergebnisse.

Seit Jahren erfreue ich mich wieder bester Gesundheit und ich suche nun bei passenden Gelegenheiten Gespräche mit Theologen, Philosophen oder interessierten Grüblern.

Seit wann gibt es Radio, Fernseher, Computer, Internet - und seit wann ist die Menschheit auf der Suche nach Antworten auf die großen, existenziellen Fragen?
Sie werden sich fragen, was der oben genannte Krempel mit der zweiten Frage zu tun hat.
Es ist wie mit Beton: es kommt darauf an, was man damit macht.

Diese Werkzeuge eröffnen nagelneue technische Möglichkeiten für das Sammeln, Bündeln, Sortieren, Darstellen, Auswerten und Verteilen von Wissen. Die Dimensionen der damit verbundenen Chancen und Veränderungen im Dasein des Menschen sind noch ziemlich unbekannt. Man vergleiche die Technik der Ermittlung und Verteilung von Wissen vor 100 Jahren mit den heutigen, aktuellen Möglichkeiten.

Insbesondere Wissenschaftssendungen im Fernsehen und das Internet bieten ein phantastisches Spektrum an Information aus den unterschiedlichsten Bereichen und in sehr anschaulicher und ökonomischer Form.
Die heutzutage pro Mensch erzielbare Informationsdichte und -breite war in der Vergangenheit auch nicht annähernd zu erreichen.

Entsprechend bestehen für Grübler beste Chancen, aus neuen Informationen Verknüpfungen herzustellen, Analogien abzuleiten, Beschreibungssprachen weiter zu entwickeln, Tendenzen zu extrapolieren und Vermutungen zu erhärten.

Religion, Philosophie und Weltanschauungen sind von jeher klassische Themenkreise der humanistisch gebildeten Schichten. Diese Disziplinen werden auf der Basis von historischen Berichten und Überlieferungen gedeutet, gelehrt und erklärt.
Entsprechend wird im Normalfall der Glaube, bzw. die persönliche, religiöse Überzeugung auf der Basis von Vertrauen von anderen übernommen.
Ein intensiveres Verhältnis zu „Gott und der Welt" ergibt sich dann, wenn übernommene Werte durch eigenes Nachdenken und eigene Erkenntnisse bestätigt, ergänzt oder verändert werden können.

Dies ist sehr anspruchsvoll, und es verlangt eine explizite Phase spiritueller Besinnung. In seinem Umfeld wird der Grübler dann durch abweichendes Verhalten auffallen.

Abhängig vom Ort der Geburt und der dortigen Gesellschaft ergibt sich mehr oder minder zufällig eine zunächst geltende Religionszugehörigkeit.

Als optimal würde ich es empfinden, wenn jeder Mensch sich im Rahmen seiner persönlichen Entwicklung und Verantwortung frei und ohne Zwang orientieren und für bestimmte religiöse Ansichten entscheiden könnte.

Entsprechend kann es nicht falsch sein, in Diskussionen mit einer neuen Blickrichtung einzusteigen, zum Nachdenken anzuregen und eventuell sogar neue Antworten auf existenzielle Fragen anzubieten.

Eine große Chance ist mit einer Erweiterung und Präzisierung von Sprache gegeben. Mehrdeutige, kreative, romantische oder verschwommene Ausdrücke verstärken zwar die emotionale Komponente, entsprechen aber oft nicht mehr dem kritischen Zeitgeist.

Eventuell ist dies einer der Gründe, warum die Kirchen heutzutage nur noch wenige Menschen wirklich erreichen. In der modernen Welt sind die Regeln von Marketing und Kundengewinnung allgegenwärtig und präsent.
Das gesprochene oder geschriebene Wort kennt man heutzutage primär als Werbung. Es gilt deshalb als unverbindlich, flüchtig und als Wegwerfware. Die Optimierung der Inhalte zum eigenen Vorteil gilt als selbstverständlich und auch als geschäftstüchtig.
Sogar vermeintliche Fakten können mittlerweile nicht unkritisch als Wahrheiten übernommen werden - große Konzerne sind „erfolgreiche" Vorbilder…

Naturwissenschaften zählten lange zu den Feindbildern der Theologie. Insbesondere neue Erkenntnisse in Physik, Astronomie, Biologie und Medizin ließen sich mit Darstellungen aus der Religionsgeschichte nur schwer vereinbaren.
Es wurden wohl Gegenbeweise befürchtet.
Wissenschaftliche Erkenntnisse gefährden aus meiner Sicht in keiner Weise die Grundlagen von Religionen und den Respekt vor einer höheren, erhabenen Macht. Sie sollten offen in jede Weltanschauung eingebunden sein.

Ich selbst beziehe meine religiöse Spiritualität in erster Linie aus der Natur, mit Hilfe der Wissenschaften. Hier ist für mich Erhabenes sichtbar, das jeden Tag neu zu beobachten ist. Die Biologie steht für mich an vorderster Front.

Wir Menschen sammeln gerne neue und glaubwürdige Informationen, gerade auch in existenziellen Fragen.
Wir wollen zum Nachdenken angeregt und motiviert werden, und uns dann eine eigene Meinung bilden.
Konflikte mit Kirchen und Religionen entstehen dann, wenn alte Formulierungen und Sichtweisen nicht mehr sprachlich nachgebessert werden können und ein neuer Ansatz ausbleibt.

Es ist Zeit, die Überzeugungskraft einer Religion oder Weltanschauung nicht nur aus Überlieferungen, sondern auch aus sichtbaren, fühlbaren, beweis- und belastbaren Fakten und naheliegenden Schlüssen und Vermutungen zu ziehen.

In den letzten Jahrzehnten ist eine neue Disziplin mit einem brisanten Veränderungspotenzial hinzugekommen - die Informatik.
Diese Technik ist momentan leider sehr stark geprägt und belastet durch Internet, Handys, social media, virtuelle Welten, usw. mit unbekannten Folgen für uns und kommende Generationen.

Entsprechend ist es durchaus verständlich, dass die Informatik von Theologen und Philosophen als Wissenschaft und potenzieller Lieferant von sprachlichen Mitteln, Sichtweisen und Erkenntnissen noch nicht wahrgenommen wurde oder intuitiv abgelehnt wird.

„Information" ist ein existenzieller Bestandteil unseres spirituellen Daseins. Sie wird in diesem Buch abstrakt mit grundsätzlichen Eigenschaften und Merkmalen erklärt.
Wesentlich sind die Unterschiede zwischen „Information" und „Materie".

In einem speziellen Kapitel werde ich deshalb später auch Analogien mit der objektorientierten Programmierung aufzeigen.

Das Studium an einer technischen Universität und die Arbeit an wissenschaftlichen Themen hinterließ seine Spuren. Entsprechend leidet dieses Buch wohl an einer - für die Thematik - ungewöhnlichen Sprache und Ausdrucksweise.

Langsam und vorsichtig habe ich mich mit meinem Thema zu Gesprächen herangetastet. Ich hatte höfliche Reserviertheit und freundliche Abwehr erwartet.
Es war nicht so. Ich weiß jetzt, dass einem Ingenieur automatisch eine Fokussierung auf Fakten und Sachverhalte zugestanden wird, wobei sogar die Nennung von subjektiven Wahrscheinlichkeiten akzeptiert wird.

Es war mir meist möglich, meine Gedanken vorzutragen wie in technischen Projekten – auch mit dem Versuch, Zustimmung zu Argumenten und Sichtweisen zu erhalten.

Es ergaben sich interessante und angenehme Gespräche.

In meinem Umfeld ist es bewiesen – die Zeit ist reif. Die Zeitgenossen sind offen und ungeahnt interessiert an der Thematik. Allerdings muss man sie manchmal ein wenig aus der Reserve locken.
Im Vordergrund von Gesprächen stehen Fragen und Rezepte für die aktuellen Probleme unserer Zeit.

Der Teller, über dessen Rand wir blicken, hat einen wesentlich größeren Durchmesser als früher. Wir sind gefordert, größere Zusammenhänge zu erkennen und Konsequenzen in einem kleinen Umfeld zu berücksichtigen.

Die Summe der menschlichen Aktivitäten hat unseren Planeten an Grenzen gebracht. Grenzüberschreitungen verändern und bedrohen unsere Grundlagen.

Es geht nicht mehr darum, der Natur und dem Planeten unsere Ansprüche abzuringen und uns durchzusetzen. Wir haben uns die Erde „untertan" gemacht und haben jetzt die Fürsorgepflicht.

Wir werden unsere Intelligenz für einen artgerechten Fortbestand menschlichen Lebens einsetzen müssen. Umstrukturierungen in Richtung Nachhaltigkeit werden Sieger und Verlierer definieren. Es wird darum gehen, Ressourcen als Lebensgrundlagen gerecht zu verteilen, Daseinsberechtigungen anzuerkennen und das Prinzip des Stärkeren aufzugeben.

Viele Zeitgenossen spüren diesen anstehenden Wandel im Gesamtsystem und sind auf der Suche nach einer starken, überzeugenden und Orientierung gebenden Ethik.

Wir leben in einer Zeit, in der manche Menschen aus religiöser Überzeugung sich selbst und anderen das Leben nehmen. Gleichzeitig leiden andere an Orientierungslosigkeit, Wertverlust und Sinnkrisen.

Mit meinem Buch will ich Stoff liefern und Mut machen für Gespräche und Diskussionen über „Gott und die Welt".
Wir sind das nicht gewöhnt – also auf zu neuen Ufern!

Es könnte sein, dass heutzutage ein nüchterner und sachlicher Ansatz allgemein gut geeignet ist, um über Weltanschauungen und Religionen zu diskutieren.

Das Ganze

Die Welt, in der wir leben, kennen wir nur angenähert und werden sie wohl auch nie in ihrer Gesamtheit begreifen.
Wir können nicht sagen, wie viel Prozent wir davon in unserem Dasein wahrgenommen haben oder gar kennen.
Dennoch - das Wissen des Menschen über sein Umfeld nimmt in diesen Tagen rasant zu. Wir sind dabei, gewaltige Fortschritte zu erzielen.
Mit modernen Techniken lassen sich seit wenigen Jahrzehnten komplexe Themen in noch nie dagewesener Qualität und Tiefe untersuchen.
Neue Erkenntnisse liefern laufend wieder neue Ansätze für Vermutungen und weitere Forschungen.

Allen Erkenntnissen gemeinsam ist, dass man Wechselwirkungen zwischen Schnittstellen als Funktion verschiedener Parameter gut beobachten und beschreiben kann.
Mit Begründungen oder echtem Verstehen tut man sich schon schwerer. Man ist auf Modelle und Vereinfachungen angewiesen und bleibt damit an der Oberfläche dessen, was für Menschen als Erfahrung sichtbar und zugänglich ist.
Versuchen Sie mal, die Erdanziehung zu begründen - eine Beschreibung der Gravitationskraft dagegen könnte einigermaßen glücken.

Es fehlt dem Menschen im Normalfall auch an einer geeigneten Sprache. Ein Spezialist ist zum Beispiel in der Lage, die Abläufe bei der Zellteilung und den Wachstumsphasen eines Embryos im Verlauf einer Schwangerschaft und dann auch die Geburt in Wirkungsketten mit einer Vielzahl von aufeinanderfolgenden Einzelschritten zu beschreiben.
Solche Beschreibungen müssen spezielle Begriffe verwenden, die nicht jedem verständlich sind.
Mit neuen und komplexen Themen ist auch eine Erweiterung der Sprache von Vorteil oder sogar notwendig.

Dies gilt auch, wenn man sich mit „Gott und der Welt" befassen will. Den bestehenden Sprachumfang zu nutzen funktioniert nur teilweise und ist gefährlich. Die Bedeutung einzelner Worte und Terme ist bereits festgeschrieben und nur vermeintlich haben alle Gesprächspartner denselben Wissensstand.

Sie verlieren sich dann oft in der Aufgabe, ihre Interpretationen genauer zu erklären und Unterschiede in geäußerten Meinungen als sprachliche Probleme zu entlarven.

Bei religiösen Themen werden die Begriffe „Glaube" oder „glauben" verwendet - leider manchmal konfliktbeladen. Das Wort „glauben" kann das Vertrauen in die Dogmen einer bestimmten Kirche zum Ausdruck bringen. Es kann aber auch als das Gegenteil von Wissen im Sinne von „vermuten" verwendet werden. Eine unklare Verwendung mündet regelmäßig in zynische Bemerkungen und entzieht einem Gespräch Ernst und Sachlichkeit.

Sowohl der Begriff „Gott" als auch der Begriff „Welt" ist in allen Sprachen dieser Welt vorhanden und in unterschiedlichen Gesellschaften und Weltanschauungen unterschiedlich definiert.

Ich habe erkannt, dass es von Vorteil für mein Buch ist, wenn ich eigene Sprachelemente und Ausdrücke definiere, um in meinem Sinn präzise bleiben zu können.

Stellen Sie sich bitte die Gesamtheit an Materie, Energie, Raum und Zeit sowie alle Mächte, Gesetze, Regeln, Zusammenhänge, Wirkungsketten, usw. aus allen Wissenschaften und Disziplinen vor und nehmen Sie gedanklich auch das mit hinzu, was wir nicht oder noch nicht kennen und deshalb auch nicht benennen können.

Ich nenne diese Gesamtheit ab jetzt „Das Ganze".

Ein Teil des Ganzen

Betrachten wir das zuvor definierte Ganze - wir Menschen waren und sind kreativ und haben durch unser Leben einiges geschaffen und gestaltet. Das Ganze enthält selbstverständlich auch die Ergebnisse unseres Wirkens.

Bei allen existenziellen Fragen sind wir aber sehr gut beraten, „Menschenwerk" als Solches zu sehen und von „Anderem" zu unterscheiden. Den Begriff Menschenwerk möchte ich als völlig wertneutral verstanden wissen - es ist nicht die Absicht, eine geringe Wertschätzung zum Ausdruck zu bringen.

Primär geht es mir darum, eine verschwommene Abgrenzung wieder klarer in Erinnerung zu bringen. Wir haben uns daran gewöhnt, viele Dinge nicht mehr verstehen zu können und benutzen sie - in selbstverständlicher Manier - ohne weiteres Nachdenken.
Innerhalb dessen, was man in seinem Leben nicht so richtig versteht, gibt es jedoch gewaltige Unterschiede. Es verwundert aber nicht, wenn eine vergleichende Bewertung von Hühnerei und USB-Stick zunächst in jeder Beziehung zugunsten des Sticks ausfällt.

Mir persönlich fällt es relativ leicht, diese Qualitäten grundsätzlich auseinanderzuhalten. Seltsamerweise habe ich diesbezüglich öfters Verständnisprobleme festgestellt. Überlieferungen, historische Berichte, Interpretationen und Auslegungen und damit Bücher aller Art sind bei mir klassifiziert und einsortiert als „Menschenwerk" - mit allen damit verbundenen Merkmalen.

Dies bedeutet aber in keiner Weise, dass ich Menschen gegenüber einen Generalverdacht hege.
Ich kenne aber Einiges aus meinem Leben, was sich später als Fehler oder Irrtum erwiesen hat und vermute deshalb, dass auch meine Mitmenschen manchmal unter Defiziten und Mängeln an Perfektion zu leiden haben.

Bei der obigen Bewertung würde mir zum USB-Stick und dessen Gebrauchsanweisung eine lange Liste mit neugierigen und kritischen Fragen einfallen - das Hühnerei dagegen wirkt souverän auf mich.

Ich bin im Besitz von mehreren USB-Sticks mit jeweils 512.000.000.000 technischen Positionen, an denen 0 oder 1 als Schaltzustände angelegt und sicher wieder abgegriffen werden können - auf ca. 2 cm^3.
Sie können sicher sein, dass ich auch für Menschenwerk manchmal extreme Bewunderung hege und im vorliegenden Fall manchmal meine, das Hühnerei eventuell doch eher verstehen zu können.

Die Mechanismen und Wirkungsweisen der Evolution benötigen sehr viel Zeit; sie liefern aber unbestechliche, überprüfbare und belastbare Endergebnisse und Grundlagen für wichtige existenzielle Sichtweisen und Standpunkte.

Die Natur um uns herum verändert sich grundsätzlich als Funktion von aktuellen, bestehenden Rahmenbedingungen. Untaugliches wird erkannt, korrigiert, angepasst oder eliminiert. Unserer Bürokatze kann ich beispielsweise nicht empfehlen, sich so zu benehmen wie ihre Vorfahren vor 5000 Jahren. Glücklicherweise hat ihr das niemand überliefert - sie hat sich an Gegebenheiten orientiert, angepasst und weiterentwickelt.

Ich habe einige Mitmenschen mit ihrer Mitgliedschaft in der uns umgebenden Natur konfrontiert und gefragt, ob sie sich selbst als Teil des Ganzen sehen oder als etwas irgendwie Anderes.
Sie sahen sich alle als „Teil des Ganzen".

Bei der Diskussion religiöser Themen erhitzen sehr oft sprachliche Ausdrücke und Passagen und ihre unterschiedliche Auslegung die Gemüter. Ich habe den Eindruck, dass sich entlang unserer Zeitachse diese Probleme verstärken.

Sprache ist einem Zeitgeist ausgeliefert und enthält viele Elemente und modische Ausdrücke, die absolut nicht wörtlich genommen werden können. Metaphern, bildliche und blumige Ausdrucksweisen, dichterische Freiheiten sind einzubeziehen ebenso wie die Regel „Übertreibung veranschaulicht".

Der katholischen Lehre ist zu entnehmen, dass wir „Kinder Gottes" sind. Begrifflich extrapoliert sind wir also Söhne und Töchter von Gott. Ich kann diese Ausdruckweise nachvollziehen und bin im Zusammenhang mit dem Terminus „Teil des Ganzen" und dessen Bedeutung auch inhaltlich einverstanden. Den Titel „Gottes Sohn" möchte ich allerdings nicht für mich in Anspruch nehmen - dieser Terminus ist bereits anders vergeben.

Vorsicht also bei der Interpretation von Überlieferungen.
Es ist zu hoffen, dass die zwischen 325 und 675 nach Christus erkannte oder entwickelte Trinitätslehre nicht auf einem sprachlichen Missverständnis beruht.

Macht man den vermessenen Versuch, das Wesentliche an Gott beschreiben zu wollen, dann wird man eine Liste von Eigenschaften und relevanten Themen aufzählen. Meine Liste ist ganz sicher nicht vollständig:

Schöpfung, Ewigkeit, Unendlichkeit, Allmacht, Vollkommenheit, Weisheit, Heiligkeit, Gebote, Liebe, Gerechtigkeit, ...

Die Eigenschaften, die wir hinter diesen Stichworten sehen und mit dem Begriff „Gott" verbinden, treffen aus meiner Sicht perfekt auf „Das Ganze" zu.

Es gibt für uns Menschen nichts anderes als eben das „Das Ganze" - dieses System hat uns hervorgebracht, geformt und es liefert alle Grundlagen für unser Dasein.

Mensch und Natur

Unter dem Begriff „Natur" verstehe ich das, was aus der Übermenge des „Ganzen" speziell auf unserem Planeten als Teilmenge für mich sichtbar ist, mein Leben hervorgebracht und meine Erscheinungsform gestaltet hat.

Sollten wir Menschen aus irgendeinem Grund von dieser Erde verschwinden, dann wird das „System Natur" völlig eigenständig die Regie wieder übernehmen und mit bewährten Wirkungsketten einen stationären Zustand anstreben.
Dieser Zustand wird dann wieder im Einklang mit dem Ganzen sein.

Vor ca. 700 Millionen Jahren war - mit großer Wahrscheinlichkeit - die Erde vollständig mit Schnee und Eis bedeckt. In so einem Umfeld ist menschliches Leben nicht möglich. Bestenfalls Einzeller hatten eine Chance auf Leben bzw. Überleben. Offensichtlich hatte aber das Gesamtsystem Wirkungsketten parat, um die Spezies Mensch neu entstehen zu lassen.

Aus meiner Sicht ist es nicht einfach, die Frage „Gibt es Saurier?" zu beantworten.
Es werden Antworten kommen wie „nicht wirklich", „momentan gerade nicht", „im Museum steht einer, wirkt ungesund" oder „habe im Kino schon viele gesehen".

Dem Grübler gehen grundsätzliche Fragen durch den Kopf: was macht denn einen Saurier aus? Was ist das Wesentliche und Kennzeichnende, das eine Existenz belastbar bejahen oder verneinen lässt?
Es ist nicht vollständig auszuschließen, dass wir Menschen irgendwann mit Hilfe der Gentechnik einen Saurier reproduzieren können. Völlig klar ist, dass das Universum als Gesamtsystem einen Saurier beliebig wieder - irgendwo und irgendwann - ins Leben rufen kann.

Es wird die Natur auf irgendeinem Himmelskörper sein, die sich so gebildet hat, dass das Entstehen von Sauriern lediglich eine logische Konsequenz aus biologischen Wirkungsketten darstellt.

Ich bin geneigt, die obige Frage wie folgt zu beantworten: „Ja, es gibt sie und es wird sie ewig geben". Die Existenz ist gegeben mit der Information über sie, unabhängig davon, ob aktuell gerade ein Exemplar am Leben ist oder nicht. Sie ist auch davon unabhängig, ob aktuell irgendwo ein Umfeld, eine Natur existiert, die diese Information aktuell zum Wirken bringen könnte.

Das Vorhandensein einer umfassenden und eindeutigen Information, zusammen mit einem vorliegenden Beweis der praktischen Umsetzbarkeit und gewesenen Wirklichkeit, ist entscheidend.

Einige meiner Mitmenschen verstehen die Natur als feindlichen Gegensatz zu einer humanitären und intellektuellen Entwicklung und Orientierung. „Fressen und gefressen werden" sieht man als grundlegendes Prinzip der Natur und vermisst Wohlwollen ebenso wie Gerechtigkeit.

Das Thema Gerechtigkeit empfinde ich als das Schwierigste im Rahmen von religiösen Überlegungen. Es steht sehr oft ausschlaggebend im Mittelpunkt von Pessimismus, Atheismus und Nihilismus. Ich werde in einem späteren Kapitel den Versuch wagen, die Gerechtigkeit des Gesamtsystems mit belastbaren Vermutungen zu belegen.

Ich sehe die Natur als Grundlage unserer Entwicklung zum Menschen. Auch unsere Intelligenz ist ein Ergebnis des Gesamtsystems und seiner Regeln - allerdings ein stolzes und auch ein gefährliches.

Nach dem Atomunfall in Tschernobyl 1986 waren Forscher sehr daran interessiert, die weiteren Entwicklungen in dem

Gebiet zu beobachten, das aus der fatalen Situation heraus nun sich selbst überlassen ist.

Radioaktivität wirkt sich auf alle Säugetiere und auch auf Pflanzen aus. Wären die Menschen in dem Gebiet geblieben, dann hätte sich entsetzliches und unerträgliches Leid für diese Bevölkerung ergeben.
Das Ergebnis der Forscher liegt jetzt vor: Die Natur um den Reaktor herum ist in den 30 vergangenen Jahren aufgeblüht, viele Tierarten sind zurückgekommen, neue haben sich angesiedelt. Es haben sich Symbiosen und nachhaltige Kreisläufe aufgebaut. Insbesondere Wölfe haben sich erfolgreich vermehrt und ihre Beutetiere stehen in ausreichender Menge zur Verfügung.
Obwohl auch bei Wölfen Missbildungen und Krankheiten ebenso häufig wie beim Menschen auftreten, funktioniert in der Summe ihre Reproduktion besser denn je.

Anstatt drei oder vier Welpen überlebt jetzt nur einer oder zwei. Diese Überlebenden werden dadurch von ihrer Mutter besonders gut ernährt, haben taugliche körperliche Eigenschaften und finden später optimale Verhältnisse vor: Tiere mit Behinderung sind eine leichte Beute.

Die Nähe zur Natur ist also mit einer konsequenten Handhabung des Themas „Lebensfähigkeit" verbunden.
Existenzieller Erfolg bezieht sich primär auf die Art oder Gattung und deren Reproduktion. Mitgefühl für einzelne, benachteiligte Subjekte ist selten, temporär, nicht ausschlaggebend und eher hinderlich.

Für uns Menschen ist eine Abgrenzung zu diesen Regeln der Natur eine moralische und ethische Selbstverständlichkeit und Notwendigkeit. Wir sind zunächst unserer Intelligenz, einem anspruchsvollen ethischen Maßstab und einer höheren Verantwortung verpflichtet.
Die Natur hält aber – für mich sehr tröstlich - ein Standardverfahren als Rückfallszenario bereit, das unter dem Strich im Zusammenhang mit allen Wirklichkeiten ein gerechtes Optimum darstellt.

Die Entwicklung unserer dominanten Intelligenz war legitim - die Natur hat sie ja selbst hervorgebracht. Die Verantwortung wurde allerdings auf Bewährung übergeben.
Wir sind eingebettet in die Natur – mit einem Sonderstatus.

Intelligenz müsste sich „im Einklang mit dem Ganzen" als Eigenschaft in unserem Leben beweisen und bewähren und auf die Optimierung der Lebensfähigkeit der Menschheit auf unserem Planeten ausgerichtet sein.
Die Entscheidungen menschlicher Intelligenz sind - allgemein gesehen - geprägt durch sehr kleine Zeitfenster, heterogene Interessenslagen und durch Überheblichkeit.

Die Vielfalt an Gesellschaften und Kulturen in ihren jeweiligen Entwicklungsstufen erzeugt eben auch eine Vielfalt an lokalen und temporären Prioritäten und Absichten.
Der oder das Stärkere in der Form von anderen Menschen setzt sich durch und damit stehen de facto Autoritäten als Gegner im Weg, die keinen souveränen und für alle geltenden Status genießen.

Schlichte Unfähigkeit, fehlende Weitsicht, Eigennutz und Unehrlichkeit - alles ist menschlich und gilt für jeden - können in unserer klein gewordenen Welt elementare Fehler und Katastrophen nach sich ziehen.
Eine besondere Dimension dieser Gefährdungen stammt aus relativ neuen und umwälzenden Entwicklungen und Tendenzen in der Neuzeit. Es besteht auch ein Zusammenhang mit der Globalisierung, insbesondere durch die damit verbundenen Vereinheitlichungen und größeren Wirkungsbreiten von Ereignissen und Reaktionen.

Anzahl, Vielfalt und Verschiedenheit von lebensfähigen Einheiten liefern Alternativen, ermöglichen Vergleiche und Optimierungen. Vielfalt stellt im Prinzip einen Vorrat an Varianten in verschiedenen Umfeldern dar und ist dadurch von sich aus extrem wertvoll.
Dies gilt insbesondere für Wirtschaftssysteme, Kulturen, Pflanzen, Tiere, Landschaften, usw.

In unserer sozialen Marktwirtschaft konzentrieren sich Verantwortung und Vermögen mehr und mehr auf immer weniger Firmen und Menschen. Eigentlich sind die Nachteile zentralistischer Systeme längst bekannt. Derzeit werden sie nur dann verteufelt, wenn sie von einer politisch linken Richtung stammen oder vorgeschlagen werden.
Die Ergebnisse unserer Marktwirtschaft haben aber die gleichen zentralistischen Effekte.
Im Berufs- und Geschäftsleben steht in Bezug auf eine Wertschöpfung – bei den meisten Menschen – der Kopf im Vordergrund.
Engagement, Kreativität und Leistungsvermögen haben dann ein Optimum, wenn man sich mit seinen Aufgaben verantwortlich identifiziert. Der Erfolg von mittelständischen Unternehmen im Vergleich mit großen Konzernen hat dies längst bewiesen. Aus meiner Sicht ist es sogar betriebswirtschaftlich falsch, das Potenzial vorhandener Köpfe nicht oder nur teilweise zu nutzen.

In meiner Jugend waren in meiner Straße auf ca. 300 Metern 22 Geschäfte (Metzger, Bäcker, Lebensmittel, Blumen, Schusterei, Limonaden, Gastwirtschaft, Mühle, usw.) zu finden.
All diese Nachbarn waren angesehene Kleinunternehmer in eigener Verantwortung. Sie hatten ein selbstbestimmtes, erfülltes, abwechslungsreiches Leben.
Aus meiner Sicht war diese Daseinsform „artgerecht" – im Einklang mit gegebenen und natürlichen Bedürfnissen.

Selbstverständlich muss es in unserer Zeit auch große und sehr große Firmen geben. Diese Notwendigkeiten sind aber sofort an den jeweiligen Themen zu erkennen und ganz bestimmt nicht im obigen Bereich vorhanden.

Wir sind offensichtlich nicht in der Lage, unsere hohe Produktivität für einen Wohlstand zu nutzen, der unsere Psyche und angestammten sozialen Bedürfnisse artgerecht berücksichtigt.

Die Zunahme an Depressionen, Pessimismus und Sinnkrisen lässt grüßen.

Vielfalt ist vergleichbar mit der Buntheit von Farben. Wir sollten versuchen, auf allen Ebenen Buntheit zu erhalten und die einzelnen Farben gefühlvoll und anerkennend weiterzuentwickeln.
Das Einbringen einer neuen Farbe in ein System führt dort entweder zu einer größeren Vielfalt oder allmählich zu einer einheitlich grauen Gesamtfarbe.
Es ist nur die Frage, ob dieses System eine heterogene und pulsierende Vielfalt oder eine macht- und marktorientierte zentralistische Ausrichtung unterstützt.

Im Mittelpunkt der aktuellen Entwicklungen sehe ich derzeit die sehr fragwürdigen Absichten und „Erfolge" im Zusammenhang mit der Überwindung von Entfernungen. Sämtliche Begleiterscheinungen wirken sich aus meiner Sicht auf allen Ebenen negativ und zerstörerisch aus.

Lange Wege bedeuten eine hohe Belastung der Umwelt, hohe Kosten und ein hohes persönliches Risiko.
Mit zunehmender Entfernung nimmt der Kontakt zur Familie, zum Sportverein, zum ehrenamtlichen und kommunalen Engagement, zur Nachbarschaft ab.
Die Erziehung von Kindern und die Pflege von Eltern und / oder Verwandten im Alter müssen kommerziell vergeben werden. Sippen- und Familienverbunde lösen sich auf und werden durch offizielle Stellen und Organe ersetzt.
Die Beschaffung von Lebensmitteln und Ressourcen ist an Autos gebunden und für ältere Menschen problematisch.

Der parallele Aufbau von beruflichen oder geschäftlichen Perspektiven und Alternativen wird einem permanenten Zeitmangel und Stress geopfert. Kommunikation im direkten Umfeld und eine Identifikation und Verwurzelung mit der lokalen Scholle ebenso.

Die Konzentration von Arbeitsplätzen auf bevorzugte Standorte und die damit verbundene Forderung nach

Flexibilität bei Entfernungen zum Arbeitsplatz hat gesellschaftlich katastrophale Folgen:

Die Gesellschaft wird sich separieren – in reich und arm, in alt und jung - mit äußerst ungesunden Folgen.

Das alles ist weder natürlich noch artgerecht.

Es wäre Aufgabe der Politik, Rahmenbedingungen für eine flächendeckend verteilte Infrastruktur zu schaffen.

Auch das Auslagern von Filialen und Fertigungsstätten in weit entfernte Niedriglohngebiete ist extrem fragwürdig.
Märkte sind knappe Ressourcen und stehen den ortsansässigen Menschen für ihre Entwicklung und ihre Marktwirtschaften zu – ebenso wie die lokalen Rohstoffe.

Eine höher entwickelte Zivilisation oder Wirtschaftsform rechtfertigt weder einen Führungsanspruch noch eine dominante Einmischung in „rückständige" oder langsamer wachsende Märkte.

Mit abnehmenden Entfernungen verliert sich der Respekt vor anderen Gesellschaftssystemen und Kulturen – die eigene wirtschaftliche Überlegenheit weckt und ermöglicht Begehrlichkeiten.
Unseren Errungenschaften und Erkenntnissen entspringen oft gut gemeinte Absichten, die sich dann im aktuellen Gesamtzusammenhang als ungeeignet erweisen oder die letztlich doch einer Beutegreifer-Mentalität weichen.

Gut wäre es zu erkennen und zu akzeptieren, dass eine Vielfalt von Entwicklungs- und Leistungsstufen in unterschiedlichen Gesellschaften und Märkten etwas sehr Wertvolles und Natürliches ist.
Die Natur jedenfalls setzt auf Vielfalt und bestraft Monokulturen mit einer hohen Anfälligkeit für Krankheiten und Parasiten.

Wir sind gerufen uns zu besinnen, zu verbessern und uns mehr um nachhaltige und artgerechte Wirkungsketten im Gesamtsystem zu bemühen.
Irgendwie habe ich da ein unbestimmtes Gefühl...
- man beobachtet uns.

Die Steuerung des Geschehens auf diesem Planeten durch uns Menschen und die Abkehr von Natur und Natürlichkeit scheint mir nicht in einen zukunftsorientierten stationären Zustand zu münden.
Eventuell ist diese Aufgabe viel zu schwierig für ein paar Jahrhunderte.

Künstliche Welten mit einem großen Abstand zu gewachsenen Strukturen und Regeln entfernen sich oft zu weit und damit schmerzlich von einer bodenständigen und angemessenen Erscheinungsform. Dies betrifft in besonderem Maße zwischenmenschliche Beziehungen.

Das Einbeziehen von technischen Schichten in die Kommunikation verstärkt den Grad an Öffentlichkeit, Oberflächlichkeit, Unverbindlichkeit und Anonymität.
Kontakte werden in größeren Mengen konsumiert – ihr Wert ist einer Inflation ausgesetzt und mit Schnelllebigkeit verbunden. Für die Korrektur von Irritationen in einer Beziehung fehlen die emotionale Intelligenz ebenso wie die Selektionskriterien für das Erkennen von Tiefgang und echten Werten.
Den Blick in die Augen eines Mitmenschen und die Wahrnehmung seiner Erscheinungsform mit allen zur Verfügung stehenden Sinnen wird auch in der fernen Zukunft keine Technik ersetzen können. Der Aufbau von sozialer Kompetenz und Erfahrung erfordert Training - intensives Training in verschiedensten Altersstufen, Situationen und Wichtigkeiten.
Die Suche nach Kompromissen, das Einlenken, Einsehen, Nachgeben und auch Verlieren stellen intime aber auch natürliche Dinge dar, die in der Summe als Erfahrungen und Sozialverhalten zur Wirkung kommen.

Sehr gravierend empfinde ich Defizite, die im Zusammenhang mit der sog. Sieger- und Verliererkultur stehen.
Meinungsverschiedenheiten werden heutzutage oft anonym in der Form von Mobbing oder Psychoterror und auf unterstem geistigen und ethischen Niveau ausgetragen.
Körperliche Auseinandersetzungen sind durch extrem brutale Aktionen geprägt – einen Ehrenkodex bei Raufereien gibt es nicht mehr.
Zu meiner Zeit haben zwei Kontrahenten ihren Streit untereinander ausgetragen und der Unterlegene wurde gefragt, ob er aufgibt. Blut wurde grundsätzlich vermieden und führte zu einem sofortigen Abbruch.

Siegen und Verlieren kann man beim Sport sehr gut lernen - für's Leben.
Wie verbogen ist eine Gesellschaft, die es als Ergebnis einer Sportveranstaltung nötig hat, alle Teilnehmer zu Siegern zu erklären und allen Pokale zu überreichen mit dem Hinweis „bei uns gibt es keine Verlierer"?
Wo ist denn die olympische Idee geblieben?

Auch unsere Ernährung und insbesondere der Umgang mit Fleisch haben sich weit von der Natur und einer gewissen Natürlichkeit, entfernt.
Es besteht kaum noch ein Bewusstsein für Hintergründe.
Unsere Nahrungsmittel werden arbeitsteilig erzeugt, in andere Formen gebracht und in einer gewaltigen Fülle und Vielfalt rund um das Jahr angeboten.
Fische sind eckig und paniert, Körperteile sind selten als solche zu erkennen und die Verpackung bestimmt das Aussehen. Der Verbraucher ist von Herstellungsprozessen abgeschottet; er bleibt anonym und vermeintlich ohne Verantwortung.

Es ist für die heutige Zeit kennzeichnend, dass Menschen beispielsweise durch fehlende oder ungeeignete Fischleitern an Kraftwerken die Existenz von Millionen von Fischen vernichten, diese Verantwortung nicht oder kaum

wahrnehmen und persönlich noch nie einen Fisch gefangen und geschlachtet haben.
Fisch kommt eben aus der Tiefkühltruhe.

Mit großer Wahrscheinlichkeit definieren die Dinge, die nicht mehr in bewährter und natürlicher Form stattfinden, die unübersehbaren Schäden im Sozialverhalten der heutigen Gesellschaft. Nicht das aktuelle Geschehen, sondern das Unterlassene ist relevant.
Es wäre an der Zeit, Kriterien für ein artgerechtes Leben von uns Menschen festzulegen.

Aus der Historie ist bekannt, dass Überheblichkeit, Sturheit und der Verlust von Bodenhaftung mindestens zu Sprachverwirrung führt.
Natur und Natürlichkeit empfinde ich als sicherndes Netz, das in jedem Fall wieder die Grundlage für einen Neustart mit erprobten Parametern bereitstellt.

Freilich sind diese Gedanken nur dann von Relevanz, wenn man entweder von einer permanenten Wiedergeburt überzeugt ist, oder wenn einem die Zukunft der Menschheit aus irgendeinem Grund am Herzen liegt.

Ich nenne dies „Denken im Ganzen" und kann diese Disziplin wärmstens empfehlen - auch als Hobby.

Erbsünde - Deutungsversuch

Mit der Erbsünde hat der christliche Glaube für den Menschen einen belasteten Sonderstatus definiert.
Aus meiner Sicht steht das „Paradies" für einen nachhaltigen Zustand im Einklang mit dem Ganzen.
Gestört wird dieser Zustand durch eine besondere und grundsätzliche Eigenschaft von uns Menschen, die bereits mit der Geburt gegeben ist: Wir werden unsere höhere Intelligenz einsetzen für eigene Vorteile in Verbindung mit Überheblichkeit - an gegebenen Grundregeln vorbei, und zum Nachteil von Harmonie und Gleichgewichten.
Der gereichte Apfel war wohl eine verbotene Frucht vom Baum der Intelligenz.

Durch dieses Streben und Handeln entfernen wir uns in der Konsequenz aus dem „Paradies". Wir werden künftig notwendige Korrekturen auch selbst erkennen, steuern und insbesondere auch mittel- und langfristig zu Erfolg bringen müssen.
Dies ist eine sehr stolze Aufgabe.

Die Aussage „Selig die Armen im Geiste, ..." scheint mir im Zusammenhang mit der Erbsünde zu stehen.
Unser Anspruch auf maßgebliche Mitwirkung und Dominanz in dieser Welt auf der Basis unserer Intelligenz stellt offensichtlich zunächst unsere Seligkeit in Frage.
Wir treten als „Reiche im Geiste" auf.

Es könnte sein, dass wir den Begriff „Intelligenz" gänzlich anders definieren müssten.

Legt man zum Beispiel Intelligenz als „Optimierte Lebensfähigkeit im Einklang mit dem Ganzen" aus, dann erscheint ein fröhlich singender Amselhahn im Frühjahr in einem ganz anderen Licht.
Aus menschlicher Sicht hat dieser Vogel sicherlich in einigen geistigen Dingen Defizite - aber was hat er selbst als seligmachenden Sinn seines Lebens erkannt?

Zur Bewältigung und Optimierung seines Daseins hat er eine Beweglichkeit entwickelt, die unserer Methode Entfernungen zu überwinden weit überlegen ist.
In seinen Liedern besingt er mit einem Unterton an Traurigkeit die Unzulänglichkeit der Menschen und speziell ihr angestrengtes Bemühen, das Fliegen umweltverträglich und nachhaltig zu gestalten und Flughäfen fertigzustellen.
Eventuell hat er als Störfaktor die Intelligenz erkannt und bewusst auf ein Übermaß verzichtet.
Weniger ist manchmal mehr.

Leider hat man es bis jetzt versäumt, für den Menschen verbindliche Kriterien für ein angemessenes Dasein auf diesem Planet zu definieren und auf eine Einhaltung verpflichtend zu bestehen.
Die Folge der Abkehr vom Paradies ist der Verlust einer gewachsenen und vorgegebenen Nachhaltigkeit.
Es fehlt eben die Zeit für natürliches Wachstum und evolutionäre Entwicklungen. Stattdessen ergeben sich überschießende Reaktionen und Effekte.
Die Eigenrationalität lässt das „Denken im Ganzen" selten zu und führt zu Auslenkungen und Ungerechtigkeiten.
Eigene Nachteile werden explizit anderen Menschen angelastet - es ergeben sich Streit, Feindschaften, Kriege.

Im Prinzip fehlen ein allgemein gültiger Wertemaßstab und die Akzeptanz und die Souveränität einer höheren Macht, um Gerechtigkeit in die Wege zu leiten. Demut, Einsicht und Unterordnung wäre in vielen Fällen eine angemessene Haltung zum Wohle aller Beteiligten.
Tja - mit dem Paradies haben wir damals auch das dort installierte Ordnungsprinzip verlassen.

Intelligenz steht für temporäre und manchmal spektakuläre Erfolge. Mittel- und langfristig jedoch müssen sich diese Erfolge allerdings im Gesamtzusammenhang bewähren.

Die Mechanismen der Evolution bewirken prinzipiell immer und ohne Ausnahme eine Annäherung an einen stationären Zustand. Dieser Zustand ist nachhaltig und be-

inhaltet Symbiosen und Kreisläufe. Er entspricht in einem bestimmten Umfeld einem natürlich gewachsenen Optimum für alle Beteiligten.
Die Wirkungsketten verfolgen das Prinzip eines permanenten Strebens nach Perfektion und Harmonie:
Zum einen haben Beteiligte genügend Zeit sich über ihre Reproduktion auch genetisch anzupassen, zum anderen werden untaugliche Konstrukte nach und nach durch erfolgreichere Konzepte verdrängt.
Der Einschwingvorgang ist gedämpft und aperiodisch - er verläuft als Annäherung an eine Asymptote.

Das Niveau des stationären Zustandes ist ständig - für uns unmerklich im Laufe von Jahrtausenden - nach oben in Bewegung. Es entspricht aber in jedem Augenblick dem maximal erreichbaren Einklang mit dem Ganzen, und zwar als Funktion des Umfeldes und dessen Zustand.

Der Weg des Niveaus nach oben entspricht der Entwicklung von Materie hin zu Wocon höherer Intelligenz.
Das oberste Niveau erreichen wir dann, wenn wir auf der Basis unserer Intelligenz und des Wirkens in der Welt gottgleich selbst das gerechte Maß aller Dinge sind.
Mit dem Erreichen dieses Zieles wären wir dann auch die Erbsünde los.

Die obige Betrachtung beschreibt ein ungestörtes System.
Mit dem Verlassen des Paradieses haben wir uns erlaubt, an Federn zu zupfen und Auslenkungen zu erzeugen.

Das System gerät in Schwingungen, verlässt die asymptotische Annäherung und führt - im positiven Fall - gedämpfte Schwingungen aus, um den optimalen stationären Zustand herum.
Eine positiv wirkende Dämpfung ergibt sich dann, wenn über natürliche Reibung eine gewisse Zeit lang Schwingungsenergie abgebaut wird.
Ein Zupfer sagt dazu: „Lassen wir lieber Gras darüber wachsen, das sitzen wir aus".

Meist geht dies aber viel zu langsam. Es wird gebremst, beschleunigt oder neu gezupft - und genau jetzt wird es gefährlich.

Schwingungen können sich aufschaukeln, Federn können überdehnen oder brechen, Nachbarsysteme können in Resonanz geraten.
Eine harmonische Schwingung kann auf diese Weise zu chaotischen und nicht mehr beherrschbaren Abläufen gebracht werden.

Man könnte diese Gefahren und Herausforderungen natürlich auch als das Interessante in unserem Leben sehen.
Man hat uns ja auch vorerst **nur** aus dem Paradies vertrieben.

In einem zerstörten System ist das Niveau des optimalen Zustandes zunächst wieder unbekannt und muss aperiodisch wieder neu eingestellt werden.
Dies bedeutet: zurück auf Neubeginn.

Eines erscheint mir sicher: das Ganze und die Evolution wird auch dann wieder funktionieren - wieder und wieder und wieder.

Die oben geschilderten Effekte gelten im Übrigen nicht nur für das ganz große Gesamtsystem, sondern angenähert für alle Größen und Arten menschlicher Wirkungskreise.
Damit steht auch ein Abteilungsleiter grundsätzlich vor der Aufgabe, durch ein vorbildliches Streben und Wirken allmählich die Menschheit von der Erbsünde zu befreien.

Der Atomunfall in Tschernobyl entspricht in einem lokalen Bereich für eine größere Gruppe von Menschen einer heftigen und chaotischen Auslenkung.
In einem rasanten und eindrucksvollen Verlauf hat hier die Natur einen erfolgreichen Neustart hingelegt. Die Ergebnisse lassen deutlich werden, dass das Wirken der Men-

schen vor dem Unfall sich wesentlich zerstörerischer auf die Natur ausgewirkt hatte, als nun der radioaktive Unfall.

Nun - der Mensch ist jetzt auch von dort für lange Zeit vertrieben.

Eventuell nimmt der oben genannte Amselhahn eine entsprechende Strophe in sein wehmütiges Lied mit auf. Im Übrigen stellt für ihn selbst weder eine Anpassung vor Ort noch eine Übersiedelung woanders hin ein größeres Problem dar. Er genießt die Zunahme an Nistplätzen und die Abnahme von streunenden Hauskatzen.

Eine Auslenkung anderer Art und mit globaler und langfristiger Wirkung ist mit dem Klimawandel gegeben. Nach jahrelanger Ignoranz und einem hartnäckigen Bestehen und Verharren auf eigenen Vorteilen hat nun endlich Mitte Dezember 2015 eine Anerkennung und Einigung von vielen Staaten stattgefunden.

Die Verläufe der Schadensentwicklung bei Grönlandgletschern, brasilianischem Urwald, Permafrost in Alaska und Sibirien weisen mittlerweile alle positive zweite Ableitungen auf (die Zunahme an Schäden pro Zeiteinheit wird laufend größer).
Das industrielle CO_2 liefert nur einen kleinen Teil der Schäden und diese Menge kann auch nur zu einem Teil reduziert werden.
Das CO_2 und das Methan der auftauenden Permafrostgebiete liefern den weitaus größten Anteil an den für das Klima schädlichen Gasen - in einem sich aufschwingenden Verlauf.

Auch die moderne Kommunikationstechnik hat sich in den letzten Jahren rasant entwickelt und unser Dasein in Schwingungen versetzt. Auswirkungen und Gefahren sind uns noch weitgehend unbekannt.

Einen vagen Verdacht möchte ich provokant und abkürzend als Frage formulieren:
Hatte man eventuell einen „shitstorm" und / oder einen „flashmob" versehentlich als „Arabischen Frühling" interpretiert?

Trotz Recherchen muss ich gestehen, dass ich die Bedeutung der Erbsünde im christlichen Glauben eventuell nicht ganz verstanden habe.
Sollte ich mit meiner Interpretation daneben liegen, dann nehme ich hiermit künstlerische Freiheit und Kreativität in Anspruch.

Analogien zur Informatik

In den letzten Jahrzehnten hat sich eine neue technische Wissenschaft in den Vordergrund der Neuzeit geschoben: die Informationstechnologie.

Diese Technik hat das Leben von uns Menschen grundlegend in einer noch nie dagewesenen Geschwindigkeit und Eindringtiefe verändert.
Sowohl als Werkzeug im Rahmen kreativen und produktiven Schaffens als auch als Basis zwischenmenschlicher Kommunikation und Konversation ist die Informatik nicht mehr wegzudenken.
Die damit verbundenen Chancen und Gefahren stellen die größten Herausforderungen in der Neuzeit dar. Ein vorher aperiodisches oder gedämpftes Einschwingen auf einen stationären Zustand wurde mit einer enormen Auslenkung gestört.
Noch im Jahr 1970 war die Informatik an der TU München eine Fachrichtung innerhalb der Mathematik.
Ich selbst habe noch mit Schere und Kleber Lochstreifen „programmiert" und ich blicke beschämt auf ein Programm zurück, das mit einer Endlosschleife den Großrechner eine Sekunde beschäftigte und ihn sinnlos ca. 10 kg Papier ausdrucken ließ.

Die Theologie und Philosophie hat diese Disziplin aus meiner Sicht noch nicht entdeckt, obwohl sie auch im spirituellen Bereich einiges bietet.
Der Mensch besteht aus Körper, Geist und Seele - so in etwa ist die aktuelle Sicht. Dem will und kann ich nicht widersprechen.

„Denken" ist ein bekannter Terminus, mit dem wir etwas anfangen können. Wenn ich das Denken als Informationsverarbeitung bezeichne, dann bleibt das zunächst inhaltlich dasselbe. Dieses Wort weist aber in eine Welt, aus der wir aus einem anderen Blickwinkel heraus nähere Details und Analogien beziehen können.

Ein Aspekt ist die Sprache, mit der die Informatik die Elemente und Zusammenhänge der Informationsverarbeitung beschreibt.
Ohne exakte Sprache können komplexe Zusammenhänge nicht sachlich und analytisch beschrieben werden. Die Interessen und Belange von Theologie und Philosophie enthielten bis jetzt nicht das Bedürfnis, die kennzeichnenden Alleinstellungsmerkmale von uns Menschen in technischer Manier in Einzelheiten zu zerlegen und mit Wirkungsketten zu beschreiben.
Die Informatik verwendet viele Fachbegriffe, deren Bedeutung analog auch in geistigen Prozessen und Zuständen eines Menschen zu finden ist.

Ich werde den Versuch machen eine Liste aufzustellen, die bekannten und herkömmlichen Begriffen jeweils einen Begriff aus der Informatik gegenüberstellt. Manches ist nicht perfekt, aber diese Liste regt zum Denken an und erläutert eine alternative Beschreibungssprache für Vieles, was in seiner Funktion der Dynamik von Leben entspricht und im Gegensatz zu der Statik von Materie steht.

Aufwachen / Hochfahren
Kopf / Computer,
Gehirn / Prozessor
Nerven / Bus,
Gedächtnis / Festplatte
Wissen / Daten
sich merken / speichern,
nachdenken / suchen
Erfahrungen / Auswertungen
Entscheiden / verzweigen,
kombinieren / verknüpfen
lernen / Daten erfassen
berichten / Daten ausgeben,
Sinne / Sensoren
Ereignis / Interrupt
Krisenmanagement / exception handling
Absturz / crash   usw.

Das was wir über unsere fünf Sinne aufnehmen, und dann darauf reagieren, kann verglichen werden mit der Steuerung eines Prozesses über Sensoren oder Fühler durch einen Prozessrechner.

Anspruchsvoll wird es, wenn wir die Analogie zu dem Begriff „Software" treffend beschreiben wollen. Der Ablauf von Software in einem Computer entspricht dem Denken, dem emotionalen Empfinden - also den geistigen Prozessen bei der Beurteilung der Situation, bei Entscheidungen und der Steuerung des Handelns.

Beim Bau von menschenähnlichen Robotern ist die Software entsprechend zu gestalten. Es sind alle denkbaren Situationen explizit aus Datenbildern zu beziehen und bzw. oder aktuell über Sensoren zu erfassen. Erst dann kann reagiert und entschieden werden.
Selbstverständlich kann auch willkürliches, launisches oder emotionales Verhalten simuliert werden:
Der Softwareentwickler kann die Lösung vorgegebener Aufgaben mit Spielräumen ausstatten, die letztlich von einem Zufallsgenerator genutzt werden.

Für solche Vorhaben stehen mittlerweile derart leistungsfähige Speicher und Prozessoren zur Verfügung, dass hier fast nichts als unmöglich erscheint.

Der vermeintliche Ablauf von Denkprozessen in einem Roboter ist nichts anderes als die Abarbeitung vorgefertigter Softwareteile, die als Funktion von steuernden Parametern oder Ereignissen in der Form von Fallunterscheidungen ablaufen.
Es geht also um die Herstellung eines Potenzials von ablauffähigen, quasi geistigen Prozessen im Zusammenhang mit Datenbildern, die in diesem Moment vorhanden und als entscheidend definiert sind.
Ist eine Sammlung oder Bibliothek von Funktionen fertiggestellt, dann ist es eine Frage der von außen wirkenden Steuerung und der aktuellen Datenlage, welche

statements der instruction pointer im Prozessor mit welchen Parametern abarbeitet.
Je nach Anzahl der Parameter, deren Volatilität, deren Priorisierung und Gewichtung ergeben sich sehr schnell sehr viele Verzweigungen und damit lebensnah unterschiedliche Reaktionen und Verhaltensweisen.

Die objektorientierte Programmierung ist durch Merkmale und Funktionen bekannt, die bei der Schaffung, Vorbereitung und Gestaltung von ablauffähigen „Denkprozessen" Struktur und Sicherheit in einen Entwurf bringen.

Ein funktionaler Speicherbereich ist gekapselt und enthält im Prinzip Daten und ausführbaren Code - dies bedeutet, dass hier jeder Teilbereich des Speichers den grundsätzlichen Aufbau eines kompletten Softwareprogrammes aufweist.
In Klassenbibliotheken werden Funktionen (kleine Programme) definiert und einem Entwickler zur Verfügung gestellt (zum Beispiel für die Programmierung eines Laufbalkens).
Wesentlich ist, dass der Laufbalken nur einmal grundsätzlich beschrieben ist und dass die Klasse Funktionen enthält, mit denen ein spezielles Objekt (auch Instanz genannt) erstellt, gestaltet und wieder gelöscht werden kann.
Das Objekt stellt also - quasi - die Inkarnation einer Klasse dar, wobei aus einer Klasse beliebig viele Objekte erzeugt werden können.

Bei der Geburt (create) eines Objektes gibt die Klasse dem Objekt geeignete Eigenschaften (attributes) mit in der Form von Parametern, die gesetzt und verändert werden können (Farbe, Breite, Höhe, usw.).
Die sog. Methoden gestatten und steuern die Ausführung oder Anwendung des Objektes - z.B. die Position und die Bewegung des Laufbalkens als Funktion der Mausbewegungen.

Die Sprache der objektorientierten Programmierung enthält einige weitere Begriffe, die ebenfalls Analogien zum Ausdruck bringen:
Elternklasse, Kindklasse, Vererben, Erzeugen, Überladen, Freigeben, usw.

Der Körper des Menschen besteht aus Materie, wobei ein Teil der Materie geeignet ist, Daten zu speichern und auszuwerten, Parameter einzuarbeiten, Entscheidungen zu treffen und Handlungen zu steuern - ebenso wie ein Roboter.

Über die Reproduktion nach den Gesetzen der Evolution findet die Weiterentwicklung der Klassen statt.
Es könnte eventuell so viele Klassen geben, wie es Gattungen gibt, die sich reproduzieren können (Menschen, Tierarten, Pflanzenarten).

Die genetische Vererbung gibt einem Individuum eine Grundausstattung an Eigenschaften und Gestaltungsmöglichkeiten mit, die dann die Basis für eine individuelle Prägung durch die Umstände, Ereignisse und Erfahrungen seines Lebens bilden.
Geistige Errungenschaften von Instanzen werden sich immer nur **indirekt** auf das Niveau der jeweiligen Klasse auswirken. Aufgrund der von Darwin geschilderten Wirkungsketten wird das nur dann geschehen, wenn die gewonnene Intelligenz zu Erfolgen bei der Lebensfähigkeit und der Reproduktion der Klasse führt.

Dies sollte zu denken geben.

Im Laufe der letzten Jahrzehnte habe ich mich intensiv bemüht, auf meinem Computer anspruchsvolle Software zu entwickeln und erfolgreich ablaufen zu lassen. Ich habe meinen Rechner stets anständig behandelt, habe auf ihm entworfen, programmiert, erzeugt, vererbt, gestaltet, kopiert, compiliert, editiert, korrigiert, optimiert und gesichert.

Wir waren ein Team, hatten gemeinsam Abstürze und Nervenkrisen, Wutanfälle, Endlosschleifen, Indexfehler, Schutzrechtsverletzungen, Festplattendefekte, aber eben auch Freude, Erfolg und Begeisterung.
Er war zu mir stets ehrlich und unbestechlich bei seinen Reaktionen in allen Lagen.

Leider muss ich aber sagen, dass er mir trotz meiner Hingabe und Zuwendung in all den Zeiten niemals Anerkennung oder Verständnis signalisiert hat. Er hätte doch - wenigstens ein einziges Mal – bei einer Meinungsverschiedenheit mit einem winzigen Detail nachgeben und einlenken können.

Mir ist schließlich eines absolut klar geworden: ein Computer ist eine seelenlose Maschine - sonst hätte er meine Zuneigung erwidert.
Ich bin mir auch ganz sicher, an dieser Ignoranz wird sich auch bis zum nächsten Urknall nichts ändern.

Die sprachlichen Analogien zwischen der Ausführung von Software und dem Ablauf von Gedanken haben also ihre Grenzen.
Es fehlen wohl noch die zwei wichtigsten Größen, die lebenden Strukturen als erhabene Alleinstellungsmerkmale vorbehalten sind:
Das Ich-Bewusstsein und die Seele.

Information - was ist das?

Es scheint mir, als wäre das Leben selbst sehr gut beschrieben als das Empfangen, Speichern, Verarbeiten, Sammeln und Senden von Informationen innerhalb der Entität von Körper, Geist und Seele.

Im Zusammenhang mit spirituellen und existenziellen Fragen halte ich es für äußerst wichtig, den Begriff „Information" näher zu beleuchten.
Es gilt, Merkmale und Eigenschaften zu erkennen um Erkenntnisse oder Vermutungen bei der Analyse unseres Daseins ableiten zu können.

Geben Sie bitte - nur gedanklich funktioniert auch - in ein Textsystem auf Ihrem Computer den Term „Eins plus eins ist drei" ein.
Sie haben dann zum Zeitpunkt t1 eine Information festgehalten, die nach unserer Erfahrung falsch ist.

Ersetzen Sie nun das „dr" durch „zw".
Sie haben damit zum Zeitpunkt t2 eine Information so verändert, dass sie nach unserer Erfahrung richtig ist.

Ersetzen Sie nun das „plus" durch „und".
Sie haben zum Zeitpunkt t3 eine richtige Information syntaktisch anders ausgedrückt.

Löschen Sie nun alle „s" in dem Term und geben Sie diese drei „s" nach fünf Sekunden wieder neu ein.
Sie haben zum Zeitpunkt t4 eine Information teilweise so erneuert, dass sie identisch geblieben ist.

Vertauschen Sie nun das „ei" aus „zwei" und das „ei" aus „eins".
Sie haben zum Zeitpunkt t5 eine Information wiederum so verändert, dass sie identisch erhalten geblieben ist.

Durch die Versuche wurde eine Information, die viel früher bereits vorhanden war (zum Zeitpunkt t2), über einige Turbulenzen hinweg identisch wieder hergestellt. Die Zeit ist an ihr absolut spurlos vorbeigegangen.

Hätten Sie anstelle einer Information Materie bearbeitet, dann wären gänzlich andere Ergebnisse festzustellen.
Die Information als solche ist nicht gealtert, hat sich weder abgenutzt noch verbraucht.

Versuchen Sie mal, die zum Zeitpunkt t1 gesetzte Information vollständig und rückstandsfrei zu vernichten.
Der Wunsch ist nachvollziehbar, die Information war ja inhaltlich falsch.
Bedenken Sie aber dabei, dass genau diese Bewertung „falsch" wiederum eine Information darstellt.

Sie werden dies nicht schaffen - die Information an t1 steht - auch noch nach Jahrtausenden - als Falschinformation zur Verfügung.
Sie steht dann nach einigen Urknallphasen wieder als absichtliche Lüge, Täuschung oder als Irrtum aktuell im Fokus. Es könnte auch sein, dass sie wieder einem Grübler zur Erläuterung von „Information" dient.

Eine Information verändert sich nicht als Funktion der Zeit.
Sie ist damit keinerlei Regeln oder gar Nachteilen ausgeliefert, die mit dem Ablauf von Zeit zu tun haben.
Eine Information muss auch nicht explizit auf einem Datenträger gespeichert sein um zu existieren. Dass man sie auf unterschiedlichste Art (Medien, Werkzeuge, Schrift, Sprache, Bilder, usw.) festhalten könnte, ist ohnehin selbstverständlich.
Ebenso ist sie nicht an eine räumliche Größe gebunden.
Ich kann mir für Makro-, Meso- und Mikrokosmos absolut die gleichen Regeln vorstellen.

Eine Information kann entsprechend im Prinzip beliebig oft und in beliebigen Zeitabständen in ein geeignetes,

verlangendes System oder Bewusstsein aufgenommen werden und dort zur Wirkung kommen.
Dies kann natürlich auch gleichzeitig in unterschiedlichen Individuen geschehen.
Die Anzahl an existierenden Informationen ergibt sich aus der Anzahl an Einzelheiten innerhalb des „Ganzen", potenziert mit der Anzahl an möglichen Informationen zu einer Information, usw.
Ich habe dies noch nicht genau ausgerechnet, aber es bringt mich zu dem Ergebnis für fortgeschrittene Grübler:

Es gibt jedwede Information - oder:
Es gibt keine Information, die es nicht gibt.

Angenähert hat dies auch Karl Valentin erkannt:
„Es gibt nix wos's ned gibt"

Nicht zuletzt aus diesem Grund verweigern einige Sprachen eine Mehrzahl zu dem Begriff „Information" - sie gilt als nicht zahlbar.

Bis jetzt wurde der Begriff „Information" vereinfacht und trivial interpretiert um Grundsätzliches herauszuschälen.

Die Psyche ist Ausdruck des geistigen Befindens als Funktion der nahen Umgebung oder nahen Zukunft eines Menschen. Gefühle und Emotionen sind im Prinzip oft das Ergebnis einer extrapolierenden Bewertung einer vorliegenden Situation aufgrund von Erfahrungen und naheliegenden Vermutungen.
Die Projizierung möglicher Auswirkungen in die Zukunft liefert zu einer Wahrnehmung oder anstehenden Entscheidung dann das individuelle, emotionale Empfinden.

Mit diesem Hintergrund ist die Emotion in vielen wichtigen Situationen des Lebens dem expliziten Wissen und dem analytischen Denkvermögen überlegen.

Emotionale Entscheidungen verzichten zunächst zugunsten von oft überlebenswichtiger Schnelligkeit auf Besinnung, Prüfung und konkrete Beweise.
Sie gründen auf gewachsenen und als Gesamtheit wirkenden Zusammenfassungen.

Dies erklärt auch die Flüchtigkeit von Stimmungslagen. Die Extrapolation entspricht einem Kartenhaus, das bei der geringsten Änderung der Prämissen in sich zusammenfallen kann.
Emotionale oder ganz allgemein psychisch betonte Situationen sind jeweils verknüpft mit einem Bündel von nicht überprüften Informationen.

Noch schnellere Ergebnisse liefern Intuition und Instinkt.
Die Natur hat weitgehend auf explizites und bewusstes „Wissen" verzichtet und nur den Menschen als gefährliche Ausnahme hervorgebracht.
Nur er hat die Fähigkeit, den Planeten Erde und damit die eigene materielle Existenzgrundlage unumkehrbar aus vorgegebenen Bahnen zu werfen.

Ein junger Mensch aus einer Gruppe von organisierten Hühnerdieben strebt nach Anerkennung und will die eigene Geschicklichkeit beweisen. Ein Erfolg versetzt ihn psychisch in beste Laune.
Anders ergeht es ihm, wenn er danach dem Eigentümer der Hühner begegnet.
Die gute Laune wird - mindestens für ein paar Sekunden - ersetzt durch sein „schlechtes Gewissen", das ihm eine höher stehende Ethik und eventuell sich ergebende Nachteile in das Bewusstsein bringt.
Er ist zwar im Einklang mit seiner Gruppe, aber nicht mit dem Ganzen.

Ein Großteil der Ergebnisse einer Situationsanalyse ist sicherlich auch durch den Einfluss der jeweiligen individuellen Seele gegeben.

Seele - was könnte das sein?

Die Seele des Menschen ist oft als Summe aller geistigen Eigenschaften beschrieben, die ein Individuum unverwechselbar beschreibt. Sie grenzt sich ausdrücklich von Körper und Psyche ab und hat die besten Chancen nach dem Ausfall des Körpers weiter zu bestehen.

Ich stelle mir die Seele als etwas Erhabenes vor und vermute, dass sie nicht alle geistigen Eigenschaften von Menschen auf ewig bewahren will.
Erhabene Eigenschaften müssen in einem festen Bezug zum „Ganzen" stehen und sich abgrenzen von lokalen und relativen Werten - sie müssen absoluten Charakter haben, dauerhafte Werte darstellen und als solche unanfechtbar sein.

Auch bei dem Hühnerdieb kann ich mir vorstellen, dass ein in allen Bereichen seines Lebens analysierter und als Durchschnitt ermittelter Grad an Übereinstimmung mit einem absoluten Werte- und Ethikmaßstab dessen individuelle Seele als noch nicht ganz vollkommen definiert.

Diesen absoluten Wertemaßstab nenne ich „Einklang mit dem Ganzen".

Könnte es sich bei einer Seele also um ein großes Bündel an Information handeln, das als solches ewig besteht und das deshalb auch als unsterblich gelten kann?
Kann sich eine Seele entwickeln, verändern? Verliert sie ihre Unsterblichkeit, wenn sie wieder „von vorne beginnt"?

Kommt es eventuell nur auf die Konstellation einer aufnehmenden Instanz, deren historischen Werdegang, deren Wissen, Wahrnehmung und Bewertung von bestimmten Situationen an, damit eine Information wieder zur Wirkung kommt und „ins Leben gerufen" ist?

Eine komplexe Information hat für mich auch eine komplexe Struktur. Ein Ablagesystem für diese Information muss diese Struktur ebenfalls aufweisen oder anbieten können - mindestens zunächst in der Form von leeren Schubläden oder mitwachsenden Speicherplätzen.

Die Seele eines Menschen ist aus meiner Sicht ebenso wie alles Andere einem Entwicklungsprozess ausgesetzt. Nicht zuletzt die Eigenverantwortlichkeit bringt mich zu dieser Folgerung. Zu sehen ist auch eine Teilverantwortung, die das Kollektiv um die Seele herum zu übernehmen hat.

Das Informationsbündel Seele steht mit Umfang, Qualität und Inhalten im Zusammenhang mit einer Umgebung und einem dort erreichten Niveau an Vollkommenheit.
Da es diese Seele aber bereits in unbegrenzten, nicht zählbaren Entwicklungsstufen gegeben hat, stehen auch alle diese Stufen für eine passende Reinkarnation in jedweder Umgebung zur Verfügung.

Ich kann mir vorstellen, dass ein - in bereits früheren Abläufen gewachsenes und durch die Evolution optimiertes - Ablagesystem für eine komplex strukturierte Information in einer bestimmten und analogen Gesamtsituation auch wieder die gleiche Information dynamisch entwickelt und zur Wirkung bringt.
Dieser Sachverhalt kann auch kürzer formuliert werden:
Es wiederholt sich alles.

Die Verknüpfung einer Seele mit einem neu entstehenden Menschen entspricht zunächst einer Art Grundausstattung, passend zu seiner individuellen Situation und damit auch zu den allgemeinen Gegebenheiten des Zeitpunktes im Universum.
Diese mitgegebene seelische Grundausstattung könnte dem Niveau an Vollkommenheit entsprechen, das die unmittelbaren Vorfahren aktuell gerade erreicht haben.

Unter Mitwirkung seiner Mitmenschen wird das Wesen des neuen Menschen geprägt und letztlich durch sein selbstbestimmtes Wirken in eigener Verantwortung weiterentwickelt.

Nach dieser Definition steht die „seelische Grundausstattung" als Merkmal für ein Kollektiv im Raum. Sie wäre also nicht kennzeichnend für ein Individuum - im Gegenteil. Die Einzigartigkeit einer Seele entsteht entsprechend durch den Spielraum, der in Verbindung mit der Eigenverantwortung von jedem Individuum selbst unterschiedlich genutzt wird.

In der Informationstechnik sind Übermengen, Teilmengen, Vereinigungs- oder Durchschnittsmengen nichts Besonderes. Ich wüsste nicht, warum diese Begriffe nicht auch auf komplexe Informationsbündel anzuwenden wären.

Auch die exklusive Herstellung dieser Bündel als abgegrenzte Einheiten hat mit dem Begriff „Selektion" einen bekannten Namen.
In der Natur finden Selektionen implizit im Zusammenhang mit Gegebenheiten in einem restriktiven Auswahlverfahren statt - auf jeder Ebene.
Die biologisch vererbte Ablagestruktur in einem Gehirn und deren Aufnahme- bzw. Leistungsfähigkeit wirken im Umfeld der äußeren Gegebenheiten im Sinne einer dynamischen Selektion beim „Datenaufbau".
Aus einer unbegrenzten und grundsätzlichen Verfügbarkeit heraus installiert sich das passende Informationsbündel als Basis für die individuelle Seele.

Entsprechend habe ich persönlich weniger Angst, dass sich meine Seele bei der nächsten Inkarnation in einem Regenwurm wiederfinden könnte.

Aus diesen Überlegungen folgt, dass sich eine Seele immer wieder neu aufbaut und entwickelt.

Die Unsterblichkeit der Seele beruht auf dem Umstand, dass ein Wiederherstellungsprozess in der Unendlichkeit unseres Universums immer wieder zu identischen Historien und Ergebnissen führt und dann in Ergänzung der Grundausstattung - immer wieder - die Einzigartigkeit der Seele eines Individuums eigenverantwortlich und mit der Chance auf Entwicklung einer höheren Vollkommenheit hergestellt wird.

Diese Chance gilt auch für die Seele des begleitenden Kollektivs. Die biologisch vererbbare „Gruppenseele" ist als Teilmenge in jedem Mitglied der Gruppe zu finden und steht dann neuen Inkarnationen als Basis bzw. Grundausstattung zur Verfügung.
Mit diesem Denkmodell kann ich mir „Seelenverwandtschaften" und „Seelenwanderungen" auch besser ableiten und vorstellen.

Die ethische Bewertung einer Seele definiert ihren Platz auf der Skala des Maßstabes „Einklang mit dem Ganzen". In diesem Kontext sind Himmel, Hölle, Fegefeuer, Teufel, Verdammnis, Paradies usw. bekannte und anschauliche Klassifizierungen.

Auch der Antrieb sich fortzupflanzen, und eben mit eigenen Genen und eigenen geistigen Eigenschaften das umgebende Kollektiv seelenverwandt im Sinne von möglichen und vorteilhaften Symbiosen auszustatten, ist mit diesem Modell gut erklärbar.

Die Ewigkeit ist mit einem ewig pulsierenden Gesamtsystem gegeben, das periodisch zwischen Energie und Materie wechselt und aus Sternenstaub neue Welten und neues Leben entstehen lässt.
Wieder und wieder und wieder.

Diese pulsierenden Perioden nenne ich „Urknallphasen".

Ich-Bewusstsein - was könnte das sein?

Im Gegensatz zur Definition einer Seele als erhabene Information vermute ich, das Ich-Bewusstsein als biologische Größe sehen zu können.

Das Ich-Bewusstsein dominiert das Dasein eines Lebewesens: es nimmt sich selbst wahr als Funktionseinheit innerhalb einer Umgebung, versteht sich selbst als diejenige Entität mit exakt diesem Ich-Bewusstsein und weiß dadurch, dass es existiert.

Ein Ich-Bewusstsein bezieht sich offensichtlich immer ausschließlich auf die Schnittstellen der Entität zu ihrer Umgebung und dem Management der Wechselwirkungen. Komplexe interne Abläufe und auch die zur Verfügung stehenden Ressourcen sind nicht einbezogen, auch wenn sie absolut lebensnotwendig und entscheidend sind.

Alle Verdauungsorgane eines Menschen sind beispielsweise selbständig arbeitende und sich selbst steuernde Einheiten - aber kein Teil des Ich-Bewusstseins.
Amputationen oder Transplantationen haben keinen Einfluss. Eine Ausnahme bildet wohl unser Gehirn als Zentrum des Nervensystems - es ist sowohl als steuernde Zentrale als auch als Sitz unseres Ich-Bewusstseins anzusehen.
Entsprechend vermute ich, dass es die Biologie durch die Wirkungsweisen der Evolution in wunderbarer Weise geschafft hat, enge Symbiosen auch mit einem hierarchisch höher stehenden Management ausstatten zu können.
Dieses Management hat die Belange der symbiotischen Struktur gesamtverantwortlich zu lenken und zu optimieren. Funktionieren kann dies nur, wenn das Management sich mit dieser Aufgabe selbst definiert und identifiziert.
Im Leben von uns Menschen ist es durchaus bekannt, dass ein nach außen wirkendes Konglomerat aus

komplexen Einzelelementen durch die Installation von hierarchisch aufgebauten Führungsebenen optimiert werden kann.
Dieses Prinzip ist biologischer Natur und hat sich über die Evolution bewährt.

Nach meinem Dafürhalten könnte sich bei Zellteilungen und der Bildung von Zellhaufen mit unterschiedlichen Bestimmungen gleichzeitig das Prinzip durchsetzen, eine Gesamtverantwortung zu installieren.
Es könnte auch sein, dass sogar Einzeller ein Ich-Bewusstsein besitzen, dieses aber sofort einem symbiotischen Ansatz unterordnen, sich auf interne Kommunikation (z.b. Schmerz) beschränken und dann kein eigenes Schnittstellenmanagement zur äußeren Umgebung entwickeln.

Nach neuesten Forschungsergebnissen haben eventuell auch Bäume ein Ich-Bewusstsein. In Wurzelgeflechten wurden Strukturen entdeckt, die neuronalen Netzen ähneln und deshalb auch eine Steuerzentrale bilden könnten.
Man hat nachgewiesen, dass Bäume mit ihrer Umgebung kommunizieren, Gesellschaft schätzen und auch Brutpflege betreiben.

Alle psychischen und körperlichen Belange und Abläufe ergeben sich aus der Bewertung von Situationen und Wahrnehmungen - Erfahrungen, Wünsche und Neigungen fließen ein. Die Seele liefert dabei die Ethik und damit einen großen Teil der Entscheidungskriterien.

Die Frage, ob eine Seele ein Ich-Bewusstsein hat, kann nun auf der Basis bisheriger Vermutungen beantwortet werden:
Es bedarf einer Inkarnation und der Entwicklung einer Körperlichkeit mit einem engen, symbiotischen Ansatz. Die Biologie wird uns dann mit einem Zentrum im neuronalen Nervensystem und einem ganzheitlich wirkenden Bewusstsein und Management ausstatten.

Der Verantwortung für die physische Existenz einer hochentwickelten symbiotischen Struktur ist innerhalb des Ganzen eine besondere Anerkennung zugeordnet.
Es könnte also sein, dass ein ich-orientierter Hühnerdiebstahl in bestimmten Zusammenhängen auch als Wertekonflikt zu dem Gebot „Du sollst nicht stehlen" gesehen werden muss und die ethische Bewertung zugunsten des Diebes ausgeht.

In diesem Zusammenhang bin ich wieder sehr froh, dass die von mir bevorzugte Formulierung „Einklang mit dem Ganzen" sehr flexibel ist und eben auch rhetorisch ein „Denken im Ganzen" fordert.

Das Ganze - Schöpfung, Ewigkeit, Unendlichkeit

Informationen sind der Treibstoff, der auf Materie einwirkt und sie dazu bringt, zu reagieren und sich zu verändern. Veränderung bedeutet wiederum im Umkehrschluss die Teilnahme an zeitlichen Prozessen.
Zu dem existenziellen Ablauf von Zeit ist aus meiner Sicht weder ein Anfang noch ein Ende vorstellbar. Als größten Zeitabschnitt definieren wir Menschen die Phase seit dem Urknall und setzen damit einen willkürlichen Anfang für relative Betrachtungen.

Ein finaler Zustand, bei dem Veränderungen nicht mehr zu Informationen führen und Informationen nicht mehr zu Veränderungen, bedeutet das Ende des Lebens und des Seins an sich. Man könnte nur noch von „Zustand" sprechen.
War ein Sein vorher festzustellen, dann wäre damit die absolute Vollkommenheit des Daseins in allen Bereichen als stationärer Zustand erreicht.

Die grundsätzliche Frage nach dem Sein an sich kann aus meiner Sicht nur zustimmend beantwortet werden. Das Sein an sich ist gegeben und damit läuft hier einiges ab, immer entlang der Zeitachse.

Unser Dasein ist gekoppelt mit Materie, Energie, Raum und Zeit und einer ganzen Reihe von weiteren Komponenten und wirkenden Gesetzen.
Es sieht so aus, als wäre das Gesamtsystem pulsierend in ständiger Bewegung, wobei jeweils ein Urknall für uns Menschen einen relativen, zeitlichen Fixpunkt definiert.
Dieses Ganze ist grundsätzlich in der Lage, aus den Komponenten und Wirkungsketten Leben in verschiedensten Formen und Qualitäten zu entwickeln - auch unser menschliches Leben. Der Beweis ist erbracht.

Vermutlich kann die Entwicklung von Leben und Seelen in Richtung Vollkommenheit in einer einzigen Urknallphase ablaufen und gute Ergebnisse erzielen. Bei dieser Vorstellung fehlt mir aber die Plausibilität für die Ewigkeit und Unendlichkeit des Ganzen. Bei existenziellen Abläufen gibt mein technisch-physikalisches Grundverständnis nichts anderes her als die folgende Erfahrung: Materie und Energie kann nicht verschwinden, es ändern sich nur Zustände und relative Wertigkeiten.

Nach dem letzten Atemzug eines Menschen wird seine Seele körperlos eine beliebig lange Zeitspanne als Informationsbündel existieren. Diese Zeitspanne kann Null sein, sie kann aber auch 9728 Urknallphasen betragen.
Dies ist absolut unerheblich, weil Information zeitlos existiert.
In jedem Fall wird eine Inkarnation direkt nach dem letzten Atemzug wieder den Neustart als dumpfes Rauschen im Ohr verspüren - oder Ähnliches.

Ich persönlich kann mich an nichts aus meiner Vor-Inkarnation erinnern.
Und das ist auch gut so - neues Spiel, neues Glück.

Eine neue Instanz wird es nie erfahren, wann und ob es sie zuvor schon mal gegeben hat. Für ihre Seele ist keine Zeit vergangen - ihr Körper ist nagelneu im Entstehen und mit einem angemessenen Startpaket ausgestattet. Diese Seele wird sich zunächst wieder analog nach bewährtem Muster entwickeln - mit Spielräumen für Eigenverantwortung und möglichen Abweichungen im Sinne eines kontinuierlichen Verbesserungsprozesses.

Das Streben nach Vollkommenheit ist im Übrigen nichts Mystisches. Jede absichtlich herbeigeführte Veränderung steht ohne Ausnahme im Zeichen der Absicht, ein Defizit zu mindern oder abzuschaffen. Diese Absicht ist individuell zu sehen und muss ethisch nicht hochwertig sein – es kann sich auch um die Absicht handeln, egoistische Rachegelüste zu befriedigen.

Nach diesem Denkmodell wird eine Seele „sich selbst nicht los". Irrwege bringen solange Nachteile, bis an einem sich anbietenden Abzweig eigenverantwortlich alternativ gehandelt wird und sich eine Verbesserung im Sinne des „Einklangs mit dem Ganzen" ergibt. In diesem Augenblick ergibt sich dann - automatisch und selbstverständlich - ein Vorteil für das aktuelle Leben der Instanz und eben auch eine höhere Wertigkeit ihrer Seele.

Von Albert Einstein stammt die interessante Aussage: „Der Tod ist eine optische Täuschung".
Nachdem dieser großartige Wissenschaftler bewiesen hat, dass er sich mit unserem Universum besser auskennt als jeder andere, könnte sich der Versuch einer Analyse lohnen:
Eine Täuschung ist dann gegeben, wenn eine Wahrheit existiert, die nicht vordergründig zur Verfügung steht. Nachdem „Tod" für ein „Ende" steht, unterstelle ich Einstein die Meinung, dass das Wesentliche in der Angelegenheit eben nicht „zu Ende" ist. Optisch getäuscht ist man deshalb, weil der Sehsinn nichts anderes liefern kann als die Wahrnehmung des Verfalls von Materie.
In diesem Satz kommt aber auch eine Aktualität der Wahrnehmung zum Ausdruck - die Aussage gilt ja auch und wahrscheinlich insbesondere zum Zeitpunkt des Betrachtens einer frischen Leiche.
Offensichtlich bezieht sich also die festgestellte Täuschung auf den jeweiligen Zeitpunkt - sie gilt ab sofort und ohne Verzug oder Pause.
Daraus folgt, dass Einstein das Wesentliche einer Instanz bereits in diesem Augenblick woanders am Existieren weiß oder vermutet.

Wir haben kein Sinnesorgan für die Zeit und schon gar nicht für die Krümmung von Zeit. Zeit wird von uns in der Form von Veränderungen optisch wahrgenommen und indirekt interpretiert. Entsprechend versagt die optische Wahrnehmung beim Thema Tod auch aus meiner Sicht „auf breiter Front".

Es ist bekannt, dass unsere Erde in einigen Milliarden von Jahren durch die Sonne verschluckt wird. Damit ist natürlich auch das Ende der Menschheit in der jetzigen Form verbunden. Meine Vermutung ist allerdings, dass bereits weit vorher einiges mit Vernichtungspotenzial passieren wird.
Nicht nur mit diesem Hintergrund wäre es traumhaft, als Mensch weitere Stationen im Universum besiedeln zu können. Die Errichtung einer Kolonie auf dem Mars ist bereits konkret in Planung und die Überwindung von galaktischen Entfernungen wird aktuell erforscht.

Aus meiner Sicht wird man mit Individuen beginnen und eventuell auf dem Mars technische Erfolge erzielen.
Für größere Entfernungen werden dann wohl Erbinformationen von Menschen langfristig gespeichert werden müssen ebenso wie eine autarke Technik und geeignete Verfahren für eine Wiederbelebung oder eine Reproduktion vor Ort.
Und genau dies können wir uns sparen – das „Ganze" erfüllt unsere Wünsche perfekt, ohne gefühlten Zeitverlust. Und das mit an Sicherheit grenzender Wahrscheinlichkeit auch nicht gerade zum ersten Mal.

Wir selbst sind und waren „Extraterrestrische", „Aliens" oder auch „Marsmännchen" in der Form von Informationen und im Zusammenhang mit bewährten Wirkungsketten. Die Gegebenheiten auf dieser Erde haben uns (wieder) in bekannter Erscheinungsform zu erfolgreichen Kolonisten gemacht.

Die Menschheit ist zwar durch ihre Intelligenz in der Lage, die Grundlagen für Leben im lokalen und temporären Bereich zu verändern bzw. zu zerstören, aber dem „Ganzen" entlockt dies wohl zum einen ein gewisses Verständnis, und ein „Déjà-vu" zum anderen aber auch den Verweis auf die nächste Urknallphase:

„Gehe zurück auf Start".

Das Ganze - Gerechtigkeit

Ein junger Wetterforscher mit einer glänzenden Zukunft installiert in der Weite der Arktis Messgeräte. Leider versäumt er es in einem tragischen Moment, sich rechtzeitig umzusehen - er wird von einem Eisbären getötet.
Der Bär frisst ihn zur Hälfe auf und verteilt in den folgenden Tagen die verdauten Teile als Exkremente über das Eis.
Der Forscher hinterlässt zwei kleine Kinder und eine Ehefrau.

Diese Geschichte ist zwar konstruiert, sie findet aber in analoger Weise und Tragik in unserem Leben täglich statt.

Die Frage nach der Gerechtigkeit einer höheren Macht liegt nahe und wird mit Nachdruck gestellt. Solche Situationen und das Fehlen von überzeugenden und trostspendenden Antworten sind der häufigste Grund für Zweifel und eine Abwendung von einem positiven Glauben.

Manche Religionen definieren eine ausgleichende Gerechtigkeit nach dem Tod eines Menschen. Sein Leben und seine Seele werden bewertet, belohnt oder bestraft. Himmel, Hölle und Fegefeuer sind bildhaft dargestellte Ergebnisse einer solchen Bewertung.

Auch ohne den Zusammenhang mit einem menschlichen Schicksal sind in der Natur Vorgänge zu beobachten, die zwar offensichtlich und anerkannt als „natürlich" und damit „normal" gesehen werden, aber unsere Vorstellung von Gerechtigkeit um Dimensionen verfehlen.

Das Prinzip „Fressen und gefressen werden" bringt dies zum Ausdruck.

Ein einziger Blauwal frisst an einem Tag ca. 40 Millionen Kleinkrebse, auch Krill genannt. Diese Kleinkrebse sind ca. 5 cm groß, sind ebenfalls Individuen und haben als solche ein Ich-Bewusstsein. Ihr Lebenslauf ist ebenso komplex wie der größerer Tiere. Sie gelten als die erfolgreichste Tierart der Erde.

Nach unserer Auffassung wäre es eher gerecht, wenn wenigstens ab und zu auch mal ein Kleinkrebs einen Blauwal fressen würde.

Bei der Beurteilung dieser Situationen ist als erstes festzuhalten, dass uns Menschen ein selbstbestimmtes Leben in eigener Verantwortung gegeben ist. Ein anderer Ansatz würde jede Weiterentwicklung in Frage stellen und zu einer völlig anderen Welt führen.
Im Falle des Wetterforschers schlägt das Risiko zu, das als Preis für diese Selbstbestimmung und Freiheit in Kauf zu nehmen ist - die Frage nach der Gerechtigkeit ist allerdings noch offen.

Der Krill liefert eine verblüffende Erkenntnis:
Er bemüht sich nicht, durch Gift oder Ähnliches seinen Fressfeind abzuwehren oder zu bekämpfen. Auch Überlebensstrategien wie Flucht oder Verstecken würden ihn wohl allzu sehr aus seinem gewohnten Umfeld und Verhalten werfen.
Er genießt symbiotische Effekte in seiner Umgebung und bezieht eventuell auch mal Vorteile aus den Resten eines verendeten Blauwales.
Seine primäre Strategie aber ist eine optimierte Reproduktion, die ihm den Ruf einer äußerst erfolgreichen Art eingebracht hat.

Im Zusammenhang mit der gesuchten Gerechtigkeit ist dieser Ansatz ein „Knaller". Dem Krill ist die physische Vernichtung von einzelnen Individuen und deren Ich-Bewusstsein nicht sonderlich wichtig.

Diese Tierart setzt unverkennbar und ohne Umwege auf Reproduktion und Reinkarnation als Gegenmittel zu der existenziellen Vernichtung ihrer Individuen.

Auch in vielen anderen Fällen ist erkennbar, dass Fortpflanzung, Nachkommenschaft und Arterhaltung einen sehr hohen Stellenwert besitzen und oft mit einem hohen Risiko belegt sind. Die Lachswanderung in Alaska beinhaltet sogar den konsequenten Tod der Elterntiere.
Dieser Tod ist ebenfalls Teil einer evolutionär entstandenen Wirkungskette - er wird ohne Probleme zugunsten einer neuen Generation billigend in Kauf genommen.

Beim Menschen ist wohl gegenüber dem Krill eine festere und wichtigere Verknüpfung zwischen einer Instanz und ihrem Umfeld anzusetzen. Der Einschlag des Ereignisses und der Ausfall einer Inkarnation mit sozialen Bindungen schlagen höhere Wellen und richten deshalb einen wesentlich größeren Schaden an.
Dieser Schaden beschränkt sich aber auf das Umfeld der vernichteten Inkarnation. Das Individuum selbst ist außen vor und seine Seele ist auf dem Weg zu einer neuen Instanz, zu einem neuen Bewusstsein.

Mit diesen Vorstellungen ist eine permanente Reinkarnation ein- und derselben Seele fest verbunden. Jede Wiederholung enthält ebenfalls wieder Spielräume, eigene Verantwortung und neue Chancen.

Der Familie des Wetterforschers sind durch den Verlust ihres Ernährers sehr große psychische Schmerzen und Nachteile aller Art erwachsen, die sich eventuell auf ihr ganzes Leben auswirken.

Eine ausgleichende Gerechtigkeit ergibt sich jedoch im statistischen Mittel aus allen Inkarnationen der Betroffenen und der Summe aller Ereignisse, die wir in diesen Wirklichkeiten Glück oder Unglück nennen.

Für den Krill erlaube ich mir, die permanente physische Vernichtung von Millionen von Individuen in Bezug auf Gerechtigkeit wie folgt zu bewerten:
Sie ist - im Ganzen betrachtet - unerheblich.
Niedrige Beweggründe des Täters können nicht geltend gemacht werden.

Diese Überlegungen liefern auch Richtlinien dafür, inwieweit wir als hoch entwickelte und eigenverantwortliche Wesen andere Lebewesen als Nahrung betrachten und nutzen dürfen. Ein komplexes Sozialverhalten einer Tierart und die aktuell gelebte Phase und Einbindung eines Individuums in ein Kollektiv müssen in unsere Entscheidungen einfließen.
Entsprechende Regeln haben sich bei Jagd, Fischerei und Tierzucht entwickelt und sind auch allgemein anerkannt.

Die Frage, ob ein Tierleben beendet werden darf um uns Menschen Nahrung zu liefern, habe ich für mich mit „im Grundsatz, ja" beantwortet. Allerdings sehe ich oc als eine sehr anspruchsvolle und variantenreiche Aufgabe an, den „Einklang mit dem Ganzen" verantwortlich zu erkennen und zu berücksichtigen.
Kopfschmerzen bereitet mir die Frage ob es zu vertreten ist, komplexes Leben beginnen zu lassen mit dem einzigen Ziel, dieses Dasein betriebswirtschaftlich zu optimieren und zu beenden.
Wir erzeugen jeweils ein Potenzial an artgerechter Daseins- und Verhaltensabsicht von Lebewesen und ignorieren dies konsequent und manchmal auch aus niedrigen Beweggründen. Haben wir das nötig?

Auch in den kleineren Dingen des Alltags stellt sich sehr häufig die Frage nach der Wirkungsweise von Gerechtigkeit. Warum eigentlich verbringen die meisten Menschen redlich und rechtschaffen ihr Leben?

Aus meiner Sicht ist die Angst vor der Justiz nur ein Teil der Hinderungsgründe. Viele Sünden könnten begangen werden mit der Aussicht, nicht entdeckt zu werden oder auf Einstellung eines Verfahrens wegen Geringfügigkeit.

Es ist wohl die Einbettung in eine Familie, in Beziehungen, in Freundeskreise und in ein geschätztes Umfeld, die den Ausschlag gibt. Man strebt ein bestimmtes Image, eine Reputation, einen Rang, einen Ruf, eine soziale Anerkennung und Wertschätzung an – gruppenorientiert und artgerecht.
Die intensivste erreichbare Beziehung ist die Liebe – sie steht immer wieder vor Prüfungen, die zu bestehen sind.

In diesem Sinn droht ein Schaden, der oft weit über den erzielbaren Vorteil einer üblen Tat hinausgeht und stärker und tiefgründiger abschreckt als Polizei und Justiz.
Pläne für die Zukunft und Erfolgsaussichten sind immer auch von anderen Mitmenschen abhängig und damit von dem Vertrauen, das ein Kollektiv einem Mitglied entgegenbringt. Die Eigenschaften eines Menschen werden im Grundsatz gesehen, und damit auch in anderen Zusammenhängen unterstellt.
Entsprechend hängt sehr viel von der Bewertung eines Charakters im Kollektiv ab. Mit dieser intuitiven Erkenntnis hat uns die Natur fest verdrahtet und ein sehr gut funktionierendes Gewissen mitgegeben. An jede üble Tat erinnern wir uns sehr lange und wir fürchten lange Zeit die Entdeckung und die damit verbundenen sozialen Folgen.

In meiner Sprache wäre der „Einklang mit dem Kollektiv" gestört und diese Situation an sich entspricht einer unmittelbaren und harten Bestrafung. Das Gewissen und der Zeitpunkt von Reue oder Umkehr definieren Schwere und Dauer dieser psychischen Belastung und Buße.

Natürlich gibt es auch große und sehr große Kollektive, die als Initiatoren von Unrecht und Fehlverhalten verantwortlich sind. Solche Fälle werden in derselben Logik und Konsequenz aus sich selbst heraus bestraft als Verstoß gegen das einschließende Kollektiv - gegen das „Ganze".

Einige der oben stehenden Gedanken liefern auch Gesichtspunkte für die Themen Selbsttötung, selbstbestimmtes Sterben, Sterbehilfe.

Vor einigen hundert Jahren kam es manchmal vor, dass bei Indianerstämmen Nordamerikas in extrem strengen Wintern und bei ausbleibenden Jagderfolgen eine lebensbedrohliche Hungersnot entstand.
Man kennt Fälle, wo in solchen Situationen dann greise Mitglieder eines Dorfes sich verabschiedet haben und alleine in den Wald gingen, um bewusst zu sterben.
Mit diesem Verhalten haben sie die Wahrscheinlichkeit für ein Überleben der jüngeren Mitglieder des Dorfes erhöht.

Einer solchen Selbsttötung kann man eine hochstehende Ethik wohl nicht absprechen.
Ein ähnliches Prinzip wird umgesetzt, wenn aus einem sinkenden Schiff Frauen und Kinder in die letzten Rettungsboote steigen.

Das Ableben eines Menschen ist ein Ereignis, mit dem eine unmittelbare Schockwirkung und eine bestimmte Tragweite für das hinterbliebene Kollektiv verbunden ist.

Diese Tragweite bestimmt den Grad an „Einklang" mit diesem Kollektiv. Entsprechend kann die Ethik einer Selbsttötung ein positives oder ein negatives Vorzeichen haben.

Es sind also die Beweggründe für eine solche Entscheidung maßgeblich. Aus meiner Sicht ist das Beenden des eigenen Lebens nur dann im Grundsatz annehmbar, wenn diese Absicht einer von körperlichen Belangen geprägten und existenziell relevanten Situation entspringt.

Situationen wie Sinnkrisen, Enttäuschung, Stolz, Eitelkeit, Rechthaberei, Trotz oder Rachegelüste in Verbindung mit einem gesunden Körper sind als Motive für eine Selbsttötung ethisch nicht vertretbar.

Das Ganze - Allmacht und Heiligkeit

Stellt man sich Gott als etwas Explizites und Separates vor, dann könnte man ihn natürlich bei der Definition des „Ganzen" gedanklich mit einschließen. Dadurch wäre aber Gott theoretisch als Teilmenge im Gesamtsystem definiert und zwischen ihm selbst und seiner Schöpfung wäre eine Abgrenzung gezogen.

Ich vermute, dass wir das zum einen nie genau erfahren werden, und dass dies aber auch ziemlich unerheblich ist. Die Rolle, die uns Menschen zukommt, erfordert keine Unterscheidung.

Egal, wie wir uns Gott vorstellen - es geht um die Eigenschaften die wir mit ihm verbinden. Unser Dasein ist auf der Basis absoluter Gegebenheiten und, auch nicht in winzigsten Spurenelementen, durch uns selbst geplant oder hervorgebracht worden.
In Bezug auf das Ganze sind wir Menschen nichts anderes als ein ganz grundsätzlicher und wohl selbstverständlicher Ansatz der Natur, mit den bekannten Methoden der Evolution auch dem Merkmal „Intelligenz" eine Chance zu geben. Muskeln, Federn, Schuppen, Körpergröße, Reproduktionsfähigkeit, Schnelligkeit, Flexibilität, usw. haben sich in verschiedenen Zusammenhängen bereits mehr oder minder bewährt und in ein Tauglichkeitsspektrum einsortiert.
Die Überlegenheit des Gesamtsystems und die Erkennbarkeit einer höheren, erhabenen Macht scheint mir so gewaltig zu sein, dass ich in vielen Fällen gezeigter Ignoranz ein trotziges Verhältnis, zur Kirche als Institution und zur Entrichtung von Kirchensteuer, als eigentlichen Grund vermute.

Es liegt nahe und es ist wohl auch eigenrational zu empfehlen, die absoluten Gegebenheiten aus einer Rolle der Bescheidenheit heraus zur Kenntnis zu nehmen und dieser Rolle auch Rechnung zu tragen.

Wir sind in das Gesamtsystem eingebettet und an Gestalt und Bedeutung so winzig, dass Respekt und Ehrfurcht durchaus angebracht ist. Das Ganze ist allmächtig und vollkommen - wir haben keinen anderen Maßstab und es kann ja auch keinen anderen Maßstab geben. Zudem haben wir uns aus dem Ganzen heraus über gegebene Regeln und Wirkungsketten exakt zu dem entwickelt, was wir sind.
Wen wundert es also, wenn da zunächst einiges optimal zusammenpasst?

Wir sind angetreten, unsere direkte Umgebung selbst mitgestalten zu wollen. Es liegt uns nicht, abzuwarten und das Gegebene zu genießen - und, wir haben vordergründige Erfolge vorzuweisen.
Seit es uns Menschen gibt, geht vieles schneller, expliziter, nachvollziehbarer und in unseren Augen anspruchsvoller vonstatten.
Wir haben der vermeintlich grausamen Natur einige Schnippchen geschlagen und da und dort humanere Abläufe erfolgreich installiert.

Haben wir aber wirklich eine Chance, mit unseren heterogenen Gesellschaften und menschlichen Eigenschaften ein schlüssiges, nachhaltiges und belastbares Gesamtkonzept umzusetzen? Die technische Fähigkeit, den Planeten Erde umzupflügen ist viel schneller gewachsen als die Fähigkeit, in Frieden und Harmonie eine anerkannte und gerechte Macht zum Wohle dieses Systems zu bilden und auch wirken zu lassen.

Immer deutlicher müssen wir die Endlichkeit und Verletzlichkeit unserer Lebensräume und Ressourcen erkennen - auch die Anzahl von Menschen auf diesem Planeten ist begrenzt.
Mich beschäftigt manchmal die Frage, ob wir im Einklang mit dem Ganzen stünden, wenn wir uns körperlich verkleinern würden. Ich halte dies biologisch für möglich und sehe gewaltige Vorteile und Chancen.

Es ist bekannt, dass die Körpergröße einiger Arten für deren Existenz im Laufe der Zeit zum Nachteil oder zum Risiko wurde. Wenn ich die körperliche Größe von uns Menschen betrachte, dann empfinde ich sie eigentlich als „nicht mehr zeitgemäß".
Wir haben unsere Fressfeinde und Nahrungskonkurrenten im Griff und könnten auf ein wesentlich bescheideneres und umweltfreundlicheres Format wechseln.
(z.B. minus 5 cm stetig für die nächsten 15 Generationen)
Wäre das nicht ein Ansatz um eine gewisse Tauglichkeit unseres Merkmales „Intelligenz" zu belegen?

Alle Zeichen stehen derzeit nach wie vor auf Wachstum - ein stabiler und nachhaltiger stationärer Zustand liegt offensichtlich nicht in der Absicht und eventuell auch nicht in der Macht von uns Menschen.
Wie sieht es vor diesem Hintergrund, mittel- und langfristig betrachtet, mit den stolz vorgetragenen humanitären Ansprüchen im Vergleich mit der Natur aus? Organisieren wir uns selbst auf diese Weise ein artgerechtes Dasein und ein sinnerfülltes Leben?
Welches Ziel verfolgen wir denn?

Ich hege gewisse Zweifel und kann mir die Vorteile eines allmächtigen und souveränen Entscheiders sehr gut vorstellen.
Dies bedeutet aber nicht, dass wir auf die Übernahme von besonderer Verantwortung resignierend verzichten sollten.

Über der Hektik und Vielfalt an Herausforderungen haben wir die Heiligkeit der Ursprünge vergessen oder verdrängt. Wäre es nicht an der Zeit, die Frage nach dem Sinn des Lebens neu zu stellen und Ergebnisse auch tatsächlich mit hoher Priorität einfließen zu lassen?

Bescheidenheit, Vernunft, Nächstenliebe und Respekt vor der Natur wären nötig - und zwar mit höchster Priorität.

Schlussgedanken

Wann haben Sie das Wort „Sünde" zuletzt verwendet um auf irgendein Fehlverhalten hinzuweisen? Also ich fürchte, ich habe dieses Wort im Alltag noch nie benutzt, obwohl ich Fehlverhalten nicht gerade als Mangelware kenne.

Ähnlich verhält es sich mit dem Wort „Gott" - wir Bayern schmettern wenigstens ab und zu ein „Grüß Gott" oder ein „Gott sei Dank" in die Landschaft, ohne uns allerdings viel dabei zu denken.

Mit meinem Buch bin ich einigermaßen zufrieden - na ja, geht so.
Aber eines treibt mir ein breites Grinsen ins Gesicht:
Eigenartigerweise sind dies drei sprachliche Ausdrücke, die sich alltagstauglich, bedeutungsstark und auch humorvoll kommunikativ bestens eignen, um zum Beispiel auf Defizite hinzuweisen:

Das Ganze   (Gott)
Teil des Ganzen   (Kinder Gottes, Menschen)
Einklang mit dem Ganzen   (ohne Sünde, fehlerlos)

Diese Terme haben mein Dasein tatsächlich ein bisschen verändert. Es ist mir und meinen Gesprächspartnern viel leichter möglich, über religiöse oder ethische Dinge offen und ohne Hemmungen zu sprechen.
Man verwendet diese neuen Begriffe nicht als Mitglied einer Gruppe und hat nicht auf eine Vielzahl von überlieferten und Respekt abverlangenden Hintergründe und Bedeutungen zu achten.
Es ergibt sich ein sprachlicher Freiraum, eine Auflösung von Tabus und eine Entkrampfung bei anspruchsvollen spirituellen Themen.
Allein das Gefühl, etwas Wichtiges überhaupt ansprechen zu können, führt zu mehr Gelassenheit und Vernunft.
Und genau das brauchen wir dringend.

Hiermit verzichte ich zugunsten aller Zeitgenossen auf die Urheberrechte an diesen drei Termen und gebe sie frei für den trivialen Gebrauch im ganz normalen Alltag...   ;-)

Bewerten Sie bitte - als Training - eine versalzene Suppe mit einem Lächeln im Gesicht und den Worten:
„das ist aber nicht im Einklang mit dem Kochbuch" - oder so ähnlich.

In ernsten Gesprächen können Sie ohne Vorwarnung den Term „Einklang mit dem Ganzen" benutzen - man wird ihn wie „Denken im Ganzen" verstehen.
Wenn Sie Glück haben, dann öffnen sich Ihre Gesprächspartner der Sicht auf eine höhere Verantwortung.

Wir können es uns nicht leisten, dass im Zeitalter der Kommunikation und der Globalisierung letztlich keine Sprache für einen unbeschwerten Austausch von Meinungen zu Religionen, Weltanschauungen und Ethik zur Verfügung steht.

Ich habe nicht das Gefühl, dass in diesem Buch ein neuer oder anderer Gott beschrieben ist. Im Gegenteil - viele Einzelheiten aus den Lehren bestehender Religionen werden verblüffend oft bestätigt und erscheinen meist nur durch eine andere Beschreibungssprache in einem neuen Licht.

Auch die Erhabenheit Gottes, wenn er als „Das Ganze" gesehen wird, sehe ich nicht als reduziert oder beschädigt an. Ebenso verhält es sich mit dem Respekt und der Ehrfurcht, die wir dem Schöpfer und der Schöpfung entgegenbringen sollten.

Die Vorstellung von Gott in der Form „Weiser Mann mit Bart auf Wolke" ist ein romantisches, emotionales Bild, das in konkreten Überlegungen nicht benutzt werden kann.

Der Begriff „Das Ganze" zeigt eine gewisse Struktur auf und schließt Einzelheiten ein, die gegenständlicher und vorstellbar sind, obwohl wir sie in ihrer Dimension und Bedeutung niemals werden verstehen können.

Wir verlassen mit dieser Bezeichnung eine völlig unbekannte, undefinierte und absolute Abstraktheit und können nun über die Größe und Erhabenheit dieses Ganzen sprechen, diskutieren und nachdenken.

Indizien zu einer Beweisführung oder einer Vermutung liegen auf aktuellem Stand vor. Sie sind mit allen Sinnen persönlich zu erfassen, zu hinterfragen und mit kritischen Methoden zeitgemäß zu analysieren, zu bewerten und einzuordnen.
Ergebnisse und Überzeugungskraft sind unschlagbar.

Selbstverständlich haben auch Überlieferungen einen hohen Wert. Es ist damit dokumentiert, dass die Menschheit von jeher eine höhere Macht gesehen und akzeptiert hat.
Vorstellungen, Beschreibungen und Riten haben sich mit der Zeit wesentlich verändert - das meiste an Veränderung ist nachvollziehbar und hat mit wissenschaftlichen Erkenntnissen und Fortschritten aller Art zu tun.

Man hat sich früher verständlicherweise an dem orientiert, was man gesehen und als überlegen empfunden hat.
Naturvölker haben sich solche Bilder von Gott teilweise bewahrt - ihre Vorstellungen sind sehr gut geeignet, ihr Leben mit einem tieferen Sinn zu verbinden und sich respektvoll in die Natur einzubetten.

Warum eigentlich ist dieser grundsätzliche Ansatz weitgehend verloren gegangen?
Unsere Sicht erfasst heutzutage noch wesentlich größere Räume im Universum und viel komplexere Zusammenhänge als früher und nach wie vor stehen wir vor Unbegreiflichem - der Abstand zu Menschenwerk ist gefühlt noch größer geworden.
Überlieferungen stellen die Meinungen von Mitmenschen in ihrer Epoche und ihrem jeweiligen Umfeld dar. Sie regen

zum Nachdenken an und festigen manchmal Positionen durch Übereinstimmung oder Ähnlichkeiten.

Für eine Annäherung an eine souveräne und absolute Wahrheit scheint mir persönlich das sehr unsicher zu sein. Ich sehe Nachteile und Grenzen insbesondere dann, wenn auseinanderlaufende Berichterstattung und Interpretation zu Streit, Feindschaften und Kriegen führen.

Die Ehrfurcht vor Gott können wir aus den Gegebenheiten im Universum und an bewiesenen Wirkungsketten ableiten. Über die Erhabenheit des Ganzen und die gegebenen Werte lässt sich sehr gut nachdenken und sprechen.

Es ist verblüffend, wie viel allein die verwendete Sprache dazu beitragen kann, Tabus, Lethargie und Resignation abzubauen. Aus reservierter Zurückhaltung entwickelt sich durch eine verbale Befreiung durchaus oft ein bis dahin unentdecktes Interesse an spirituellen Themen und eine aktive Teilnahme an Diskussionen.

Ich hoffe, einen alternativen Ansatz aufgezeigt zu haben, der uns Menschen wieder näher an diese Thematik bringt. Ich hoffe auch, dass ein weitgehend neutrales Bild entstanden ist, das den bestehenden Religionen und Weltanschauungen zumindest nicht wesentlich im Wege steht.

Optimal wäre freilich, wenn ein gemeinsamer Nenner...

Dieses Buch ist ausschließlich aus meiner Lebenserfahrung heraus entstanden. Alle Übereinstimmungen oder Ähnlichkeiten mit Werken oder Darstellungen Anderer sind entweder zufällig, oder sie erhöhen die Wahrscheinlichkeit auf eine gewisse Richtigkeit des Beschriebenen.

Gebet

Gott, Du bist das Ganze

Gott, Du bist Das Ganze, im Ewigen Sein.
Wir alle sind ein Teil dieses Ganzen.

Du gibst uns Leben mit Geburt und Tod,
Glück und Unglück, Freude und Leid -
in eigener Verantwortung.

Unsere Erfahrungen, Eigenschaften und
Werte formen über alle Zeiten hinweg
unsere Seelen.
Aus Deinem Ewigen Sein ergeben sich für
uns Unsterblichkeit und neue Leben im
unbegrenzten, pulsierenden Wandel der
Atome, Gestirne und Welten.

Gott, unsere Achtung vor Deinen Gesetzen
und Regeln verstehen wir auf unseren Wegen
als Gebot für ein erfülltes Leben.
Sinn unseres Lebens ist das Sein an sich,
im Einklang mit dem Ganzen.

Deine Gerechtigkeit ergibt sich umfassend
aus der Summe aller Wirklichkeiten.
Unser Sein ist ewig und vollkommen und
Grund zu Freude und Dankbarkeit.

Amen.

Verfasser

Walter Müller wurde 1948 in der Nähe von Rosenheim geboren. Er wuchs in der Stadtmitte von Rosenheim auf und besuchte dort erst die Volksschule und dann das Gymnasium.
Nach der Bundeswehr studierte er an der Technischen Universität in München Elektrotechnik in der Fachrichtung Energiewirtschaft und Kraftwerkstechnik.

Als überzeugter Gegner von Atomkraft widmete er sich zunächst der alternativen Energietechnik mit den Schwerpunkten Wärmepumpen und Solartechnik.
Im Rahmen von wissenschaftlichen Studien, Analysen und Simulationen begann er das Arbeiten am Computer und entwickelte technische und kaufmännische Software.

Seine Affinität zu spirituellen Themen, der Reiz eines völlig anderen Bereiches und die Neugier auf seine eigenen Ergebnisse veranlassten ihn, dieses Buch zu schreiben.

Er legt Wert auf die Feststellung, dass dieses Buch im Alleingang auf einer grünen Wiese entstanden ist. Es enthält keinerlei Gedanken, die aus anderen philosophischen oder theologischen Werken entnommen wurden und ist gekennzeichnet durch einen technischen Blickwinkel und Stil.
Die Kollision dieser nüchternen Sachlichkeit mit dem spirituellen und anspruchsvollen Thema wurde bewusst in Kauf genommen.

Eine gewisse Vollständigkeit und Schlüssigkeit der Gedanken ebenso wie eine treffende sprachliche Formulierung von Schlüsselstellen wurde angestrebt.
Auch wurde versucht, die Spielräume bei der Deutung von Begriffen enger zu fassen.

Einen Anspruch auf Wahrheit gibt es nicht.

Bildnachweise

Titelblatt vorne	Fotolia_62150784_XS, 2015
Titelblatt hinten	Sabine Panick, 2009
Bild zu Rilke	Walter Müller, 2013

Ich lebe mein Leben in wachsenden Ringen

Ich lebe mein Leben in wachsenden Ringen,
die sich über die Dinge ziehn.
Ich werde den letzten vielleicht nicht vollbringen,
aber versuchen will ich ihn.

Ich kreise um Gott, um den uralten Turm,
und ich kreise jahrtausendelang;
und ich weiß noch nicht: bin ich ein Falke, ein Sturm
oder ein großer Gesang.

Rainer Maria Rilke